TuAma Al-Saadi

Bedrohte Welt

Das Paradies, Saddam und der IS-Terror

Für meine Familie, die wegen meines politischen Engagements und meiner Bemühungen um eine echte Demokratie im Irak litt.

Für meine Töchter Reem und Rashaa und für meinen Sohn Haider, die mit mir den Irak verlassen mussten und seit Oktober 1980 im Exil leben.

Für meine Frau Suham. Sie war und ist die grösste Unterstützung für mich und tat alles, was sie konnte, um unsere grossartigen Kinder mit viel Liebe zu erziehen und für uns alle zu sorgen.

TuAma Al-Saadi

Bedrohte Welt

Das Paradies, Saddam und der IS-Terror

Grosses Ischtar-Tor von Babylon,
errichtet durch Nebukadnezar 575 v. u. Z.

Impressum
Autor: © 2019 Al-Saadi, TuAma -E-Mail: t.alsaadi@t-alsaadi.co.uk

Lektorat: Torsten Haeffner
Übersetzung aus dem Englischen: Andreas Lachenmeier.

Titelbild innen: Grosses Ischtar-Tor von Babylon, errichtet durch
Nebukadnezar 575 v. u. Z. (Google Free Photos).
Copyrights aller Bilder, soweit nicht anders angegeben, entspre-
chend der englischsprachigen Ausgabe Google Free Photos.

Bibliografische Information der Deutschen Nationalbibliothek: Die
Deutsche Nationalbibliothek verzeichnet diese Publikation in der
Deutschen Nationalbibliografie; detaillierte bibliografische Daten
sind im Internet über http://dnb.dnb.de abrufbar.

Herstellung und Verlag: BoD – Books on Demand, Norderstedt

ISBN: 9783749497119

Inhalt

Mein Leben gegen den Terror

Dies ist die Geschichte meiner Familie und gleichzeitig einer ganzen Nation. Um Lehren daraus ziehen zu können, mache ich sie öffentlich. Das tyrannische Regime Saddam Husseins und der Kräfte des Terrorismus, gegen die ich mein Leben lang kämpfte, sind seit den 9/11-Terroranschlägen vom 11. September 2001 in den USA daran, sich in der ganzen Welt breit zu machen und bedrohen die ganze Zivilisation.

Die Gefahren lauern mittlerweile überall und sind dort nicht geringer, wo die Staaten tolerant und liberal sind: im Gegenteil. Deshalb vermittle ich zusätzlich zu meinen Schilderungen von persönlich Erlebtem und Recherchiertem vertiefende Einblicke in die Entstehung des IS-Terrorismus und seine Ausbreitung durch die islamischen Sekten der Wahhabiten und der Salafisten: zwei tödliche Gefahrenherde im Nahen Osten mit gemeinsten Anschlägen auf wehrlose Opfer rund um den Globus. Sie missbrauchen die Toleranz der grossen Gemeinschaft der islamischen Religion, der liberalen Haltung der anderen Religionen und der seit 1780 sich immer stärker entfaltenden Menschenrechte einer freien Gesellschaft souveräner Bürgerinnen und Bürger. Im Rahmen unserer liberalen, demokratischen Gesellschaft, die die Charta der Menschenrechte und eine ihnen gemässe Verfassung in den Mittelpunkt stellt, zerstören diese sektiererischen Banden mit den Petrodollars aus Saudi-Arabien und Katar die Grundlagen unsrer Zivilisation. Dem gilt es mit vereinten Kräften zu widerstehen.

Das Fatale ist, dass die jahrhundertelange Besetzung meiner Heimat durch die Osmanen (93 % der Bevölkerung des Irak waren im Jahre 1920 des Lesens und Schreibens nicht mächtig, denn Schulen gab es nur für die Unterdrücker) und eine nur westlichen Interessen dienende Neuordnung unserer gemeinsamen Wiege Mesopotamiens nie die Besten, sondern die Brutalsten an die Spitze brachte und ihnen das Gewaltmonopol in die Hände legte. Dazu wurden sie auf niedrigstem Niveau gehalten. Dies führte bis hin zur Brutalität des Saddam-Hussein-Regimes in Verbindung mit den wahhabitischen und salafistischen Machthabern in Form von Terrororganisationen mit dem Vorzeichen IS (Islamischer Staat).

Ich selbst bin davon in einem Ausmass betroffen, als mir und meiner Familie nur eine überstürzte Flucht ins Ausland das Leben rettete und meine vom Exil aus betriebene Bekämpfung des Saddam-Regimes einen direkten Mordauftrag Saddam Husseins auslöste. Ich war zur Überzeugung gelangt, dass eine staatliche Struktur zu schaffen wäre, wie diejenige in den skandinavischen Staaten und in England, aus der heraus sich langsam ein gesunder demokratischer Staat mit repräsentativer Monarchie entwickeln würde. Was mir und meinen Landsleuten angetan wurde, ist für jede Leserin und jeden Leser in einem Buch nicht zumutbar und deshalb im Band 2 festgehalten, der später erscheint. Nach der Schilderung meines Lebens finden Leserinnen und Leser eine kurze Rückbesinnung auf unsere gemeinsamen kulturellen Wurzeln in Mesopotamien und nach einem

Exkurs zur Kurdenfrage eine chronologische Beschreibung der Ereignisse bis nach dem Kollaps des Irak im Anschluss an die von den USA angeführte Befreiungsaktion, die falsch geplant war und das Land direkt von der Diktatur in die Anarchie bombte. Und zwar derart vernichtend, dass alle vermittelnden und – wie ich – sich an den Menschenrechten und Säkularstaats-Demokratien orientierenden Personen im Handumdrehen durch «friendly fire» derart desavouiert wurden, dass sie schon wieder isoliert sind. Diesmal mit Lebensbedrohung durch die nun in religiösen Bezeichnungen wie IS für einen Islamischen Staat, teilweise unter der Leitung ehemaliger Saddam-Getreuen, mordenden Banden. Dieser für die gesamte Welt bedrohenden Gefahr und vor allem ihrer Herkunft und Rechtfertigungs-Widerlegung widmet sich der Schluss eines in Vorbereitung befindlichen Buches aus Tausendundeiner Hölle.

Die Zeit der grössten Leiden der Iraker war nach dem ersten Putsch der Baath-Partei vom 8. Februar 1963 und dem zweiten vom 17. Juli 1968. Kein Mensch und keine Partei im Irak waren ausgenommen von den wilden und grausamen Folterungen, Ermordungen und Hinrichtungen. Selbst hohe Parteimitglieder der Baath-Partei wurden nicht verschont, sofern sie sich nicht völlig loyal zu Saddam Hussein verhalten hatten. Das Resultat war verheerend. Es machte die irakische Nation von einem der erfolgreichsten und blühendsten Länder im Nahen Osten zu einem der ärmsten, am wenigsten entwickelten und korruptesten Länder der Welt. Ich beschreibe einige der brutalen Methoden, die Saddam Hussein anwandte, um die irakische Bevölkerung zu versklaven. Sogar die damals herrschende Junta, die hauptsächlich aus seinen engsten Verwandten bestand, war von diesen extremen Strafen nicht ausgenommen, falls sie es wagten, Saddam herauszufordern, wie es seine beiden Schwiegersöhne Hussein und Saddam Kamil sowie deren alter Vater getan hatten.

Als Erstes zielten die Regimes von Saddam und Al-Bakr auf Angehörige schwacher Gruppen, wie die friedlichen irakischen Juden, von denen viele gefoltert und ermordet wurden. Zeitgleich versetzten sie auch alle anderen Iraker in Angst und Schrecken, um sie zu bändigen und um sie zu hilflosen Menschen zu machen, die sich tausendmal überlegten, ob sie gegen ihr Regime einen Aufstand wagen sollten.

Dieses Buch ist ein Aufruf an alle, jede Sekte, Religion oder Ideologie zu ächten und zu bekämpfen, die zu Mord und Totschlag aufruft, die Menschenrechte nicht akzeptiert oder gar alle anderen Muslime sowie Nichtmuslime als Ungläubige betrachtet. Mit diesen Aufzeichnungen wende ich mich an all jene, die an der Geschichte des Irak (Mesopotamien) und der Wiege der Menschheit interessiert sind; an alle Gläubigen, die einem friedlichen Islam wünschen, der Seite an Seite mit anderen Religionen existieren kann. An eine Religionsgemeinschaft, die alle Regeln des Zusammenlebens in einer säkularen, vor allem den Menschenrechten verpflichteten Gesellschaft erfüllen wollen. Jede religiös begründete Belohnung oder Bestrafung muss Gott oder Allah überlassen werden, der die ganze Menschheit erschaffen hat. Der Islamische Terrorismus, der eindeutig gegen alle religiösen Lehren ist, muss gestoppt werden!

Die Welt ist ein kleines Dorf geworden. Brutale Diktaturen und Regimes sind Brutstätten, die fanatische und rücksichtslose Sicherheitsmitarbeiter hervorbringen, die dann selbst zu Terroristen werden. Dieses Trauerspiel konnte man mit Saddams Sicherheits- und Geheimdienstoffizieren verfolgen, die Kommandanten der ISIS-Terroristen wurden. Nach dem Einmarsch der von den USA angeführten Koalitionstruppen und der Auflösung aller Strukturen machten sie mit dem IS gemeinsame Sache und gingen gegen uns Demokraten und Kämpfer für die Menschenrechte vor. Ähnliches geschah in Bosnien, als serbische und kroatische Militärführer schreckliche Verbrechen begingen und ethnische Säuberungen durchführten. Wir kennen die Aktivitäten in Afrika und die Verbrechen der herrschenden Militärs in Myanmar gegen die moslemische Minderheit der Rohingya sowie die in unserem Land begangenen.

Es ist die Pflicht der ganzen Weltgemeinschaft, ihr Bestes zu tun, um die Nationen sowie deren Bevölkerung zu schützen, die unter Ungerechtigkeit leiden und deren Menschenrechte verletzt werden. Ebenso ist die Massenflucht nach Europa und in andere prosperierende Gebiete der industrialisierten Welt zu stoppen, in dem man die wirtschaftlichen Probleme der Herkunftsländer der Dritten Welt gezielt angeht und die Lebensbedingungen vor Ort verbessert. Bei allem, was ich mit meiner Familie im Kampf gegen

Terror und für Demokratie erlebte, ist es ein Wunder, dass ich noch lebe. Zwar bin ich noch immer im Exil – aber ich habe die Möglichkeit, meine Erfahrungen und Erkenntnisse offen darzulegen und auf der Suche nach neuen Wegen zu überprüfen.

Von Haus aus bin ich Ingenieur, und vor allem auf dem Gebiet der Vermessung und der Infrastrukturbauten tätig. Das Leben aber zwang mich früh, über den Tellerrand hinauszuschauen, mich nicht nur den Bauplänen der Technik zu widmen, sondern gesellschaftliche Schieflagen und politische Katastrophen zu erkennen, zu benennen und zu bekämpfen.

Dieses Buch ist eine Herzensangelegenheit und ein Versuch, zu verstehen und Distanz zu gewinnen, Leid zu mildern und solches in Zukunft zu verhindern. Ich betrachte diese Autobiographie aber auch als Informationspflicht eines Staatsbürgers und verfasste das vorliegende Werk nicht zuletzt als Kompendium in meiner Eigenschaft eines oppositionellen politischen Akteurs und späteren Kommentators des beginnenden 21. Jahrhunderts mit über drei Jahrzehnten Lebenserfahrung als Exil-Iraker.

Vielen bin ich zu grossem Dank verpflichtet, vor allem aber der Schweiz, Jordanien und Grossbritannien. Immer wieder erteilten mir diese Länder seit meinem 37. Lebensjahr in Zeiten höchster Gefahr Niederlassungsbewilligungen, wobei ich für unseren Unterhalt immer selbst aufkam und Steuern entrichtete.

Meinen Namen TuAma Al-Saadi schreibt man in unserer arabischen Schrift so. Bedenken Sie bitte, dass wir von rechts nach links schreiben, lesen und auch

Bücher – aus europäischer Sicht – von hinten her lesen. Der erste, wie ein kleines b aussehende Buchstabe bezeichnet also das Tu, und dass mein Vorname rechts steht, ist auch wichtig zu wissen.

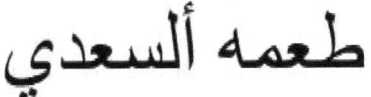

TuAma Al-Saadi

Unsere Schrift besteht aus den Buchstaben des arabischen Alphabets mit 28 Zeichen, die beim Schreiben – wie früher in Europa der sogenannten Schnürlischrift oder Kurrentschrift – zu einem geschlossenen kalligraphischen Wortbild verbunden werden.

Mit dem Familiennamen Saadi gehöre ich zu einer der grössten und ältesten Familiengruppen. Diese Familiengruppen werden auch Stämme (Tribes) genannt. Sie lebten hier bereits lange vor dem Erscheinen des dritten Religionsstifters der abrahamitischen Religionen.

Mohammed wurde als Säugling einer Pflegemutter anvertraut. Sie trug den Namen Heliemeh Al-Saadiyeh und war in Taif westlich von Mekka zu Hause. Gemäss den Worten von Mohammeds Grossvaters Abdul-Muttelib sollte die Pflegemutter den Jungen zu hoher arabischer Sprachfertigkeit, Höflichkeit und Tapferkeit erziehen. An seinem 40. Geburtstag – nach arabischer Mondzählung –, also dem 8. Oktober 610 n. Chr., wurde Mohammed Prophet des

Islam. Die Schreibweise Al-Saadiyeh stellt übrigens die weibliche Form von Al-Saadi dar. Saad bedeutet «Heiterkeit». Englischsprechende Besatzer leiteten aus «Saad» häufig «Sadness» (Traurigkeit) ab. Die Präposition «Al» weist auf die Herkunft des Familienstammes oder auf die geografische Herkunft der Person hin. So ist ein Al-Saadi einer des Stammes der Benj Saad, der Söhne des Saad. Ein Saadi ist also «der zur Familie der Saad Gehörende», so wie der Al-Iraqi «der Iraker» ist, der Al-Swissri «der Schweizer» und der Al-Heerbruggi «der Heerbrugger».

Im Laufe meines Lebens habe ich meine Unterschrift unter zahlreiche Vermessungspläne und Geschäftsvereinbarungen gesetzt. Doch keines dieser Schriftstücke war so wichtig, wie jene Schreiben, die sich mit dem Thema dieses Buches befassten. Ich unterschrieb ab 1981 als **Mitgründer** *des Iraqi Committee for Human Rights,* schickte Briefe und Dokumente an zahlreiche politisch einflussreiche Persönlichkeiten, wie zum Beispiel Pierre Trudeau, Indira Ghandi und dem Pakistani Zia-Ul-Haq. Auch unter Schreiben an arabische Könige, an Papst Johannes Paul II., an Agenturen stand mein Name. So schafft man sich Feinde. Und diese waren zahlreich. Als ich die Übermacht tyrannischer Regimes und religionsfanatischer Terroristen zu spüren bekam, schrieb ich die jeweiligen Begebenheiten auf, in der Hoffnung, dass andere aus ihnen lernen könnten.

Lernen heisst immer, Lehren zu ziehen. Die erste Lehre, die uns die Terroristen des Wahhabismus und des Salafismus nahelegen: Diese zerstörerischen

Mächte können nur besiegt werden, wenn sie entschlossen und gemeinsam bekämpft werden. Die friedlichen, demokratischen Kräfte, Nationen und Religionen müssen gemeinsam handeln – wie es die Terroristen des Wahhabismus und des Salafismus seit jeher tun.

Um gemeinsam handeln zu können, muss man jedoch zuerst einmal Wissen sammeln und verstehen, also zurückschauen, wie alles begann. Dies soll nun hier als Nächstes geschehen.

Zuvor aber in aller Kürze: In den über sieben Jahrzehnten meines Lebens machte ich unvorstellbare Erfahrungen. Stets war ich bestrebt, sie einzuordnen, sie zu verstehen und sie für meine Zeitgenossen und nachfolgenden Generationen festzuhalten. Wer sich um unser Zusammenleben und die Zukunft unserer Kinder Sorgen macht, muss aufschreiben, was geschah und recherchieren, warum es geschah. Sonst hört der Irrsinn niemals auf. So ist dieses Buch in englischer Rohfassung nun inhaltlich substanziell erweitert in deutscher Sprache entstanden. Die deutsche Sprache macht mir Mut. Sie verschafft mir Zuversicht und Hoffnung, weil es den Deutschen gelang – mit Hilfe Dritter – ein teuflisches NS-Regime und einen kommunistischen SED-Staat abzuschütteln sowie ein Land aufzubauen in dem Freiheit, Demokratie und Prosperität herrschen. Nicht mehr oder weniger erhoffe ich auch für mein Land Irak und alle anderen bis heute unterdrückten Länder, denen die Erfahrung mit der Freiheit fehlt und die nicht ein Jahr, sondern mindestens ein halbes Jahrzehnt zur Mediation einplanen müssen und in dieser Zeit des Schutzes die Unterstützung der erfahrenen freiheitlichen Länder benötigen. Dies um bestehende alte oder hybride Ordnungs- und Sicherheitsstrukturen aufrecht zu erhalten und l zu implementieren, bis die neuen zur alltäglichen Selbstverständlichkeit geworden sind. Das Gegenteil von dem also, wie sich die USA und ihre Koalitionäre im Jahre 2003 im Irak verhielten. Seit

Der Irak in seinen heutigen Grenzen zu Kuwait, Saudi-Arabien, Jordanien, Syrien, der Türkei und dem Iran und mit dem Kaukasischen Meer im Norden, dem Mittelmeer im Westen, dem Roten Meer im Südwesten und dem Persischen Golf im Süden. Was dazwischen liegt, braucht weniger Ideologie, weniger Wahhabismus, Salafismus und IS-Terrorismus, stattdessen aber mehr Menschenrechte, mehr Freiheit, mehr Demokratie, mehr Frieden.

ich denken kann, wurde mein Land von gesetzlosen Tyrannen und menschenverachtenden Sekten bedroht. Sie gaben vor, religiös zu sein, markierten Frömmigkeit und Überlegenheit, sie verbreiteten und verbreiten unsagbares Leid und Elend. Und längst rekrutieren sie in den Hochburgen der Freiheit und Demokratie zumeist junge Menschen, die alsbald zu IS-Terroristen mutieren und nun auch die Menschen im Westen bedrohen.

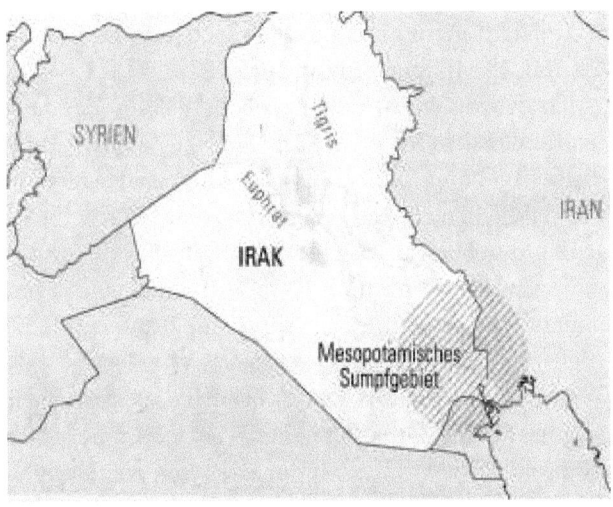

Das Zweistromland in anderer Projektion.

Eine paradiesische Kindheit

Doch nun zu mir: Wer berichtet Ihnen hier mit seinen intimen Kenntnissen aus dem Unruheherd Nahost

Fangen wir ganz von vorne an: Es begann alles geradezu paradiesisch mit einer langen schulfreien Kindheit. Im ehemaligen Zweistromland Mesopotamien. In einer Stadt, die Bagdad heisst. Als ich hier zur Welt kam, zählte man im Irak 4,3 Millionen Einwohner. Heute leben alleine im Grossraum der Hauptstadt mehr als doppelt so viele und im gesamten Irak 38 Millionen Menschen.

Ich wurde am 15. November 1943 in Bagdads Stadtteil Karradeh Al-Sharkiyeh im Bezirk Al-Jadiriyeh geboren, einer äusserst schönen Gegend in der südlichen Ecke der durch eine Tigris-Flussschlaufe gebildeten Karradeh-Halbinsel. Als fünftes von sechs Kindern waren vor mir drei meiner Brüder, meine Schwester und nach mir ein Bruder auf die Welt gekommen.

Als ich das Licht der Welt erblickte, wohnten wir wie im Garten Eden. Genauer: Wir lebten in einem Mehrfamilien-Wohngebäude, das von weitläufigen Obstgärten umgeben war. Das grosse Stück Land war im Besitz meiner Grosseltern.

Die Bäume und Sträucher schenkten uns jedes Jahr unglaublich viele verschiedene und wunderbare Früchte! Sieben Sorten Datteln, weisse und schwarze Feigen, Äpfel, Pfirsiche, Granatäpfel, Trauben, Orangen, Zitronen, Mandarinen, eine besondere Art von süssen Limetten, weisse und schwarze Maulbeeren –

ich könnte diese Aufzählung noch lange fortsetzen. Dann die jeweils frisch geernteten und für eine feine Küche und gesunde Ernährung erforderlichen Gemüse- und Salatsorten! Wir hatten Gurken, Auberginen, Zucchetti, Tomaten, Eibisch, Wurzelgemüse, Blattsalate, Gewürze und vieles mehr. Nicht zu vergessen: die riesigen Wassermelonen und die süssen Melonen. Täglich wurden hausgemachte Milchprodukte hergestellt. Der Tigris bot eine grosse Anzahl verschiedenster Fische; meine älteren Brüder waren geschickte Fischer, die oft mehr nach Hause brachten, als wir zu essen in der Lage waren. Unsere Verwandten und Nachbarn freuten sich darüber.

Zu einem solchen Anwesen gehörten auch Hunde, mit denen ich mich bestens verstand. Unsere sechs Hunde halfen, das Haus und die Umgebung zu bewachen. Ausserdem schlugen sie an, wenn Wildschweine in den Obstgarten eindrangen, um süsse Limetten oder Orangen zu fressen, die sie sehr gerne hatten. Die Wildschweine kamen immer in Rotten von fünf bis zehn Tieren aus einem nahen Wald oder über den Tigris, da sie gute Schwimmer sind. Das Mehrfamiliengebäude der Saadis, in dem wir mit sieben anderen Familien unserer nächsten Verwandtschaft wohnten, umschloss einen rechteckigen Innenhof. In ihm wuchsen Dattelpalmen der Sorten *Barban, Kistawi* und *Teberzel* und ein grosser Maulbeerbaum. Jede Familie hatte eine separate Wohnung. Alle Wohnungstüren wurden über den grossen Hof betreten. Er diente uns Kindern als Spielplatz, auch mir, meinen Cousins und Gästen mit ihren Kindern aus

Karradeh Al-Sharkiyeh, Dora oder anderen Teilen Bagdads. Wir genossen diesen angenehmen Ort, das schöne Wetter und die wunderbare Landschaft, die unser Heim umgab.

Hier in den am Tigris liegenden Obstgärten duftete es nicht nur zu den Zeiten der Ernte nach reifen Früchten. Schon im Frühling und Frühsommer war die Luft erfüllt vom Duft der Rosen. Die Rosenblüten wurden eingesammelt und zur Herstellung von *May Warid* (Rosenwasser) verwendet, das in Flaschen abgefüllt wurde. Oft wurde es auch zum Kochen und zur Zubereitung von Süssigkeiten oder als *Qumqum*, als Parfüm verwendet, das bei besonderen Gelegenheiten auf die Kleider der Gäste gesprüht wurde.

An Winterabenden trafen sich die Erwachsenen in einem Wohnzimmer eines der Verwandten zum Tee. Sie redeten über die Freuden, Ärgernisse und Überraschungen des Alltags und kommentierten die Ereignisse der Politik. Wir Kinder konnten daran teilnehmen, mussten uns aber still verhalten und früh zu Bett gehen. Ich erinnere mich noch heute, wie eines Abends alle traurig waren über den Tod der Königin Alia bint Ali, der Mutter König Faisals II. Die ganze Unterhaltung drehte sich um sie, ihren Sohn Faisal und die königliche Familie. Königin Alia starb am 21. Dezember 1950.

Bei Hochzeiten wurde der Hof des Hauses zum Festplatz, wo die Männer sangen und *Chobi* tanzten, während die Frauen *Halahil* pfiffen. Alle assen *Mezguf,* auf Holzkohle gegrillten frischen Tigris-Fisch. Wir Kinder liebten diese Feste, hörten gerne den Liedern zu und übten uns ebenfalls im Tanz. Es waren fröhliche Partys, an denen meist alle acht Familien unseres Mehrfamilienhauses teilnahmen. Diese Gemeinschaft bestand aus den Familien meiner beiden Onkel, der Familie meines Cousins Mahdi und der vier Familien der Cousins meines Vaters und natürlich aus unserer Familie. Wir alle wohnten in diesem Mehrfamilienhaus. Jede Familie hatte die von ihr benötigten Zimmer jeweils an eine der bereits bestehenden Wohnungen angebaut.

Oft kamen auch noch andere Verwandte, um mit uns zu feiern und sich zu vergnügen. Sie wohnten anderswo und kamen jeweils aus verschiedenen Stadtteilen Bagdads.

Im Frühling, wenn das Wetter angenehm war, und es in Al-Jadiriyeh nach den Blüten der Rosen, Orangen und Zitronen duftete, spielten wir unter dem grossen Aprikosenbaum. Wir nannten ihn *al-mishmisha alkebeera*, was «sehr grosser Aprikosenbaum» bedeutet. Dieser Baum war zu mir im Sommer und Winter jeweils sehr grosszügig. Anfangs Sommer, er beginnt bei uns Ende Mai, schenkte er mir viele Aprikosen. Im Winter sammelte ich unter ihm schöne Pilze, die auch am Rande der Bewässerungsgräben unter den Bäumen wuchsen.

Ich war das einzige Kind, dem es gelang, diese Pilze zu finden. Sie durften nämlich nicht geerntet werden, nachdem sie die Erdoberfläche durchbrochen hatten, sondern zuvor, wenn sie sich – einer Trüffel gleich – noch im Boden verbargen. Dann waren sie gut. Meine Schwester Saadiyeh und ich fanden unter dem zersetzten Laub der Apfelbäume manchmal Pilze mit bis zu 25 Zentimetern Durchmesser!

An den Abenden spielten wir Verstecken, auf Arabisch *Khittailah*. Ich war der jüngste der Buben in der Gruppe, zu der auch meine Schwester Saadiyah, meine Cousins und Cousinen Sabha, Muneera, Adnan, Ameer, Fathiya, Afaf und Saadiyah Ridha gehörten. Unsere Verstecke befanden sich hinter den Dattelpalmen und den Betten aus Palmwedeln, die während des Sommers vom Juni bis Ende September zum Schlafen im Freien benutzt wurden. Gerne erinnere ich mich nicht nur in diesem Zusammenhang an meine Cousine Sabha. Sie war blind, aber sie war in allem sehr klug. Wir dachten, dass sie unsere Verstecke nie finden würde, aber wir lagen falsch: Sie hörte auf unsere Schritte und auf jedes unserer Worte und rannte in Richtung unseres Versteckes, als ob sie einen Radar hätte.

Die Eltern erzählten ihren Kindern Geschichten, bevor sie zu Bett mussten. Damals gab es noch kein Fernsehen. Eine der mich beängstigenden Geschichten war diejenige über Si'aluwwah, einer mystischen Kreatur. Sie lebte im Tigris mit ihrem Ehemann. Der hiess Fraij, der Kahle. Die Eltern erzählten uns, dass Si'aluwwah Kinder entführte, wenn sie dem Fluss zu nahekamen. Hatte Si'aluwwah ein Kind entführt, musste es bei ihr und ihrem Ehemann wie ein Sklave unter dem Wasser leben. Der Sinn dieser Geschichte wurde mir später dann schon klar: Man wollte uns Kinder vom Fluss fernhalten. Da ich erst mit Neun in die Schule kam, brachte mir mein Vater und meine grösseren Brüder das Rechnen bei, beginnend mit dem Zählen. Von 1 bis 10, von 11 bis 20, von 21 bis 100 und bis Eintausend. Er lehrte uns auch, auf Türkisch zu zählen, da er während der osmanischen Besatzung geboren worden war und etwas Türkisch sprach. Ich erinnere mich an seine Begriffe für die Zahlen im irakischen Dialekt und das Grüssen und Anreden. Die Zahlen von 1 bis 20 waren: *Bir, iki, üç, dört, beş, altı, yedi, sekiz, dokuz, on, onbir, oniki, on üç, on dört, on beş, on altı, on yedi, on sekiz, on dokuz, yirmi.* 21 bis 30: *Yirmibir, yirmiiki, yirmiüç, yirmidört, yirmibeş, yirmialtı, yirmiyedi, yirmisekiz, yirmidokuz, otuz.* 10. 20, 30 bis 100: *On, yirmi, otuz, kırk, elli, altmış, yetmiş, seksen, doksan, yüz.* 100, 200 300 bis 1000: bir*Yüz, ikiyüz, üçyüz, dörtyüz, beşyüz, altıyüz, yediyüz, sekizyüz, dokuzyüz, bin.*

Grüssen auf Türkisch:

Hallo: *Merhaba.* Guten Tag: *İyigünler.* Guten Morgen: *günaydın.* Guten Abend: *iyiakşamlar.* Gute Nacht: *iyigeceler.* Wie geht's? Wie geht es ihnen? *Nasilsiniz?*

Gut: *iyiyim.* Danke: *teşekkürederim (teschekkuraderim).*

Adieu: *Allahaısmarladık.* Die Antwort darauf: *Gülegüle.*

Neben dem Hauseingang schützten ein etwa vier Meter breites Metalltor und der Damm bei Karradeh Al-Sharkiyeh das Gebäude vor den Fluten des Tigris, der immer wieder auch über die Ufer trat. Auf der rechten Seite des Tores stand ein weisser Maulbeerbaum und auf der linken Seite ein Teberzel, eine Dattelpalme mit zwei Köpfen. Für uns war es ein Leichtes, auf diese etwa 3,5 Meter hohe Dattelpalme zu klettern, um die besten und frischesten Datteln von den Rispen zu essen. Die anderen Dattelpalmen waren vier bis neun Meter hoch. Es gab noch zwei andere Dattelpalmen auf der linken Seite des Haupttores, von dem der Weg zum nördlichen Teil des Obstgartens abging. Ich kletterte ohne Schwierigkeit auf jede dieser Dattelpalmen. Meine Cousins und ich bestiegen die schwarzen Feigen tragenden Feigenbäume, die in der Umgebung entlang des Bewässerungskanals wuchsen, und pflückten im Juli und August ihre süssen Früchte.

Als meine Grosseltern diesen wunderbaren Obstgarten an Haj Naji Al-Lami veräusserten, waren wir enttäuscht und unglücklich. Al-Lami und seine Familie waren mit der Britischen Armee, die Bagdad 1917 besetzt hatte, aus dem 400 km südlicher liegenden Misan gekommen. Dank guter Beziehungen zu Vertretern der britischen Regierung, insbesondere zu Miss Gertrude Bell, der Sekretärin für den Orient, wurde er mächtig und reich. Meine Eltern und meine beiden Onkel pachteten nun die Obstgärten vom neuen Besitzer und verkauften die Produkte auf den Märkten von Bagdad, bis sie sich zur Ruhe setzen konnten. Danach zogen wir nach Al-Nadhimiyeh um, einem anderen Bezirk in Al-Karradeh Al-Sharkiyeh. In den Wintermonaten, von Mitte November bis Mitte Februar, konnte es sehr kalt werden. Wir spielten mit aus den Bewässerungskanälen herausgeschlagenem Eis.

Jede Familie im Haus versorgte sich weitgehend selbst. Dank einiger Hühner und mindestens einem Hahn hatten wir immer frische Eier. Wir fütterten auch eine Kuh. Jeden Morgen tischte uns unsere

Mutter zum Frühstück frische Milch, Joghurt und Butter auf. Gelegentlich machte sie für uns auch Miris, eine sehr fein schmeckende Mischung von Butter und Zucker mit frischem, noch ofenwarmem und in kleine Stücke geschnittenem Brot. Das war eine richtige Delikatesse, die wir liebten.

Das runde Fladenbrot buken wir in unserem Brot- und Grillofen, genannt Tennur. Er war rund und bestand aus einer Wandung aus Lehm, die an ihrer Aussenwand mit isolierenden Backsteinen ummauert war, und die Hitze im Innern lange aufrechterhielt. Unser Tennur war etwa 1,6 Meter lang, 1,2 Meter breit und 1,2 Meter hoch und verfügte oben über eine runde Öffnung. Diese hatte etwa einen Durchmesser von einem halben Meter. Der Ofen war gut zum Backen und Grillieren von Fisch und Lamm. Nach unten hin wurde der Ofen breiter. Er mass gut 1,1 Meter. Unten hatte er eine 10 Zentimeter grosse Öffnung für den «Zug», so dass die Palmwedel und das Holz gut brannten. Jede Familie hatte ihren eigenen Tennur.

Unser grosses Haus war auch ein gutes Quartier für Tauben. Alle umsorgten sie liebevoll und fütterten sie. Die Tauben legten ihre Eier und brüteten sie in einen zylindrischen Korb aus. Er war auf einer Seite offen, so dass die Tauben frei wegfliegen und wieder zurückkommen konnten. In der Nähe unserer Zimmer hingen im Schatten der Vordächer besonders viele dieser Körbe. Wir nannten sie «Sahibs Tauben». Sahib war mein Cousin und etwa 15 Jahre älter als ich, und bester Taubenfreund. Unsere Hunde, jeweils mindestens fünf, erwähnte ich bereits. Mein

Lieblingshund hiess Thiba, genannt nach dem irakischen Namen einer deutschen Schäferhündin, die so viele Welpen zur Welt gebracht hatte, dass wir sie Verwandten und Nachbarn geben konnten. Für die Bewachung der Obstgärten und des Hauses waren Hunde unabdingbar. Auch wurden sie wegen ihrer Treue und Folgsamkeit zu echten Kameraden, wie eben Thiba. Dank dieser Kindheitserfahrung habe ich Hunde bis heute gerne.

Die grössten Feinde unserer Hunde waren die Füchse, die ihre Bauten in den nahen Eukalyptuswäldern hatten. Diese Waldstücke lagen zwischen dem Tigris und dem Damm. Bei Sonnenuntergang schlichen die Füchse zum Haus und versuchten, eine Henne zu schnappen. Aber nichts da! Die Hunde liessen sie nicht in die Nähe des Hauses kommen und es war ein Vergnügen, den Hunden bei der Fuchsjagd zuzusehen. In diesen Jahren gab es in der Nähe unseres Bezirkes nur eine Schule in Jadiriyeh. Logischerweise war die Schule mit mindestens 50 Schülern in jeder Klasse hoffnungslos überfüllt. Weil die Nachfrage nach einer Schulbildung weitaus grösser war als die Anzahl verfügbarer Schulplätze, musste ich auf die Wartebank. So konnte ich erst im September 1952, nach unserem Umzug in den Bezirk Karradehs, als Neunjähriger mein erstes Schuljahr in Angriff nehmen. Trotzdem war ich in der Karradeh Al-Thaniyeh-Grundschule von der ersten Klasse an der Beste oder Zweitbeste und blieb dies auch während der gesamten Grundschulzeit.

Beruf mit Leidenschaft

Im Juni 1963, nach Abschluss der High-School in der Privatschule Al-Ja'afariyeh, die im Zentrum von Bagdad lag, setzte ich meine Ausbildung zum Vermessungsingenieur am neu gegründeten Institut für Angewandte Ingenieurvermessung fort. Das Institut stand unter der Aufsicht und Verwaltung der Technischen Hochschule der Universität Bagdad. Hier schloss ich mein Studium im April 1966 mit Bestnoten in praktischer Landvermessung und Geodäsie ab. Auf dieses vertiefte Wissen konnte ich später als Vermessungsingenieur immer wieder zurückgreifen. Hier ist zu erwähnen, dass ich mir sehr unterschiedlich qualifizierte Dozenten anhören musste und durfte, wie beispielsweise Professor Dr. Heinrich Lisching, meinen Lieblingsprofessor. Seine Heimat war nach dem Zweiten Weltkrieg polnisch geworden. Neben seiner Muttersprache Deutsch beherrschte er drei weitere Sprachen fliessend; Polnisch, Russisch und Englisch. Ich verehrte diesen grossartigen Professor, und da ich einer der besten Studenten in seiner Klasse war, bat er mich bald einmal, seine auf Englisch gehaltenen Vorlesungen, ins Arabische zu übersetzen.

Sein irakischer Assistent sass derweil konsterniert daneben, weil der Professor meinen Vermessungskenntnissen mehr traute als jenen seines Assistenten. Auch bei den Prüfungen derjenigen Studenten, die in Englisch schwach waren, vertraute er mir: Er war sich sicher, dass ich die Studenten nicht hinter seinem

Rücken begünstigen würde. Ich betrog ihn nie, selbst wenn gute Freunde unter den Studenten mich ab und zu baten, ihnen die richtigen Antworten oder Lösungen zu sagen.

Ein weiterer Professor, den ich schätzte, war Professor Fawzi Al-Khalisie. Er hatte seinen Abschluss an einer Universität in den USA gemacht und genoss höheres Ansehen als die meisten irakischen Absolventen, die nur an der amerikanischen Universität in Beirut oder an ägyptischen Universitäten studiert hatten.

Die Studenten mussten laut Lehrplan praktische Erfahrungen sammeln, bevor sie ihren Abschluss machen konnten. Ich war der einzige Student, der vom Dekan des Institutes ausgewählt wurde, Professor Abdul-Karim Toma, den Dozenten für Vermessungstechnik an der Akademie für Landwirtschaft in Abu Ghraib zu unterstützen. Sie gehörte zur Universität von Bagdad. Also unterrichtete ich im zweiten Studienjahr mit dem dem christlichen Glauben angehörenden Professor Toma Studenten im Fach Vermessungstechnik.

Professor Toma hatte keinen Abschluss in Vermessungstechnik, aber einen Doktortitel in Forstwesen. Am ITC in Enschede (Niederlande) hatte er einen einjährigen Kurs in Photogrammmetrie absolviert. Schockiert bemerkte ich, dass Professor Toma den Studenten Vermessungsmethoden beibrachte, die aus dem 18. oder 19. Jahrhundert stammten. Es tat mir sehr leid für die Studenten, aber ich konnte in meiner bescheidenen Position nicht einfach das Unterrichtsprogramm oder die Lektionen so ändern, dass sie den

Agrarwissenschaft-Abschlussanforderungen unserer Universität entsprachen. Aber wenigstens teilte ich den Studenten mit, was sie lernen mussten. Mittels Illustrationen an der Wandtafel erklärte ich ihnen, wie ein Bewässerungsprojekt von 2400 Hektar Ackerland mit betonierten Kanälen, Bewässerungsgräben und mit offenen und gedeckten Entwässerungen gestaltet, in die Landschaft übertragen und gebaut werden musste. Ich brachte ihnen bei, dass die Bewässerungsgräben höher und die zur Entwässerung genutzten Konstruktionen tiefer angelegt werden müssen, da das Wasser dem Gesetz der Gravitation folgt. Zum ersten Mal waren die Studenten so interessiert, dass es mucksmäuschenstill wurde. Ihre ganze Aufmerksamkeit galt meinem Vortrag. Sie waren hundertprozentig bei der Sache. All dies verdanke ich meinem deutschen Professor für Erdarbeiten und meinem Interesse an der Realisierung schwierigster und anspruchsvollster Bewässerungsprojekte. Noch heute ist dieses Fachgebiet ein Steckenpferd von mir.

In all den Jahren an der Universität bedrückte mich indes ein Problem ganz besonders: Einerseits war ich ein Teil des Lehrer- und Dozententeams, als solcher aber gezwungen, den Studenten mitunter Stoff beizubringen, der völlig unsinnig, weil teilweise veraltet war. Das heisst, wir verschwendeten das Geld des Instituts und wir vergeudeten unsere eigene und die Zeit der Studenten. Damit wollte ich mich nicht abfinden. Da ich trotz wiederholter Versuche keine Möglichkeit sah, die Unterrichtspläne und Methoden zu ändern, beschloss ich, höhere Stellen einzuschalten:

Als Erstes teilte ich den Missstand dem stellvertreten-den Dekan des Institutes, Professor Wifqi Al-Shamma'a, mit. Der Dekan selbst hielt sich für ein Jahr zum Studium in den USA auf. Dann verfasste ich einen zweiseitigen Bericht, brachte ihn in das Büro von Professor Wifqi und erklärte ihm meine Bestürzung über den sehr schlechten Stand der Vermessungstechnik-Ausbildung.

Professor Wifqi hörte mir aufmerksam zu, las den Bericht und sagte: «Mir ist das alles bewusst, was Sie hier schreiben, aber ich kann keinen geeigneten Professor finden. Kennen Sie jemanden?»Ich schlug ihm Professor Heinrich Lisching vor, jenen deutschen Professor polnischer Nationalität. "Ich brauche aber einen Professor, der auf Arabisch unterrichten kann», sagte Wifqi. Gut, ich werde mich mit Dr. Naji Al-Rawi vom Institut für Ingenieurvermessung treffen und Sie auf dem Laufenden halten.»

Ich traf Dr. Naji Al-Rawi am nächsten Tag. Unsere Zusammenkunft war eine Enttäuschung. Er sagte mir nämlich, keine weiteren Lektionen übernehmen zu können. Dies verböten ihm die Vorschriften der Universität Bagdad. Die Anzahl der Lektionen wäre limitiert.

So scheiterte ich mit meinem Ansinnen, die Ausbildungsqualität am Institut zu verbessern. Aber immerhin: Ich hatte es versucht und war meinen Verpflichtungen gegenüber der Universität nachgekommen. Nun aber drohte von anderer Seite Ungemach: Professor Toma, der natürlich direkt betroffen war, ging gegen meinen Bericht vor. Er hatte aber keinen Erfolg, da der stellvertretende Dekan und der Assistent des Dekans, Dr. Ali Al-Dawoodi, mein Vorgehen und meine Beurteilung völlig korrekt fanden.

Aufgrund meiner guten Arbeit beschloss das Institut für Landwirtschaft, mich für ein Doktorat in die USA zu schicken. Nach Abschluss desselben sollte ich die Möglichkeit erhalten, am Institut als Lecturer zu unterrichten. Als ich Professor Fawzi in seinem Büro aufsuchte, um dieses Angebot detailliert zu betrachten, sicherte er mir zu, die Stelle für zwei Jahre freizuhalten. Zuerst aber sollte ich das Angebot des Institutes für Landwirtschaft annehmen. Fawzi (Gott segne ihn, soviel ich weiss, lebt er noch) mochte mich sehr, und so fragte ich ihn frank und frei: «Können Sie mir sagen, wie viel ich pro Monat verdienen werde, Sir?»

«120 irakische Dinar im Monat.» Das entsprach zu jener Zeit etwa 390 US-Dollar.

Das war mir zu wenig. Ich hatte bereits Erfahrung in der Privatwirtschaft gesammelt und wollte mein Glück eher dort suchen: «Bei der spanischen Consulting Engineers Co. (SPANCO) verdiene ich 200 Dinar (650 US-Dollar) pro Monat, obwohl ich nur 15 Monate Berufserfahrung hatte. Dergleichen kann mir das Institut nie bieten. Selbst wenn ich in die USA gehe und nach vier, fünf Jahren zurückkomme, erhalte ich am Institut für Landwirtschaft nur 200 US-Dollar.»

Fawzi sah, dass er da nicht mithalten konnte. Er kannte mich gut genug: «Ich weiss, Sie sind intelligent und talentiert. Machen sie doch einfach weiter Ihren Job.» Ich ging meinen Weg: Meine erste Anstellung begann ich als Subunternehmer bei einer erstklassigen Firma. Ab dem 27. April 1966 war ich elf Wochen lang für den irakischen Unternehmer Fadhil Al-Saffar tätig. Der hatte den Auftrag, in Basra ein Getreidesilo zu bauen.

Ab Mitte Juli 1966 wurde ich dann von einer jordanischen Firma engagiert. Sie sollte eine neue Brücke in Fallujah errichten. Ich hatte die Projektverantwortung für die westliche Zufahrt der Brücke. Als das Projekt in die Endphase kam und genügend Führungskräfte vor Ort waren, kündigte ich. Dann nahm ich etwa sechzig Kilometer nördlich von Bagdad bei der spanischen Consulting Engineers Company in Dujail die Arbeit auf.

Als Erstes musste ich auf einer Baustelle einen anspruchsvollen Praxistest ablegen. Denn ich war von der spanischen Firma zu Konditionen eingestellt worden, die besser waren als jene des bereits dort beschäftigten Vermessungsingenieurs Tariq Al-Roomi. Ich bestand diesen Test.

Zwei Monate später bat mich die Firma, zwei weitere leitende Vermessungsingenieure zu rekrutieren. Sie wurden mir unterstellt. Wiederum zwei weitere Monate später wurde Tariq Al-Roomi entlassen. Das tat mir einerseits sehr leid. Andererseits: Meine Arbeit – Errichtung der Kanäle des Is'Haqi-Bewässerungsprojekts, das sich nahe Bagdad über etwa 110 km erstreckte – überzeugte. Ich bewältigte das anspruchsvolle Bauprojekt mit Erfolg, von dem mein Auftraggeber zuallererst profitierte.

Zu verdanken hatte ich meinen Durchbruch auch den Lektionen meines deutschen Professors in

Geodäsie. Endlich konnte ich meine Kenntnisse aus dem Vermessungswesen in die Praxis umsetzen. Doch immer stärker störten militärische und politische Machtegoisten das Zivilleben.

Firmen- und Famlienglück

Im April 1968 beendete ich meinen Auftrag für die spanische Ingenieur-Firma und nahm für den lokalen Unternehmer Abdul-Hussein Al-Mousawi das Vertragslos Nummer 6 aus dem Is'hagi Bewässerungsprojekt in Angriff. Meine Aufgabe war es, einen Kanal und die beiden Dämme auf beiden Seiten abzustecken und die Erdarbeiten mit schweren Maschinen wie Bulldozer, Schrapper, Planiergeräte, Schaffusswalzen, Verdichter und Lader zu überwachen. Ausserdem gehörte es zu meiner Aufgabe, die Profile und Querschnitte einzumessen und technische Zeichnungen der Querschnitte zu erstellen sowie zu berechnen, was aufgefüllt und abgetragen werden musste. Ebenso waren die monatlichen Zahlungsanforderungen für den Unternehmer zu erstellen und bei den dafür zuständigen irakischen Regierungsstellen einzureichen. Und natürlich waren der Einsatz und die Arbeit der 60 bis 70 Arbeiter auf der Baustelle zu planen, anzuleiten und zu überwachen. Ich war zu dieser Zeit gerade einmal 24 Jahre alt.

Mitte Juli dieses Jahres kehrte der Direktor der spanischen Gesellschaft, Herr Costa, nach Bagdad zurück und besuchte als erstes all seine Büros und die Gebäude des Bewässerungsprojektes in Dujail (Smaikeh), etwa 60 km nördlich von Bagdad. Er erkundigte sich bei einem irakischen Freund und Zeichner namens Dawood nach mir, und als ihm gesagt wurde, dass ich immer noch am gleichen Bewässerungs-projekt arbeite, war er glücklich und bat mich um ein

Treffen. Bei meinem ersten Treffen mit Herrn Costa tauschten wir die üblichen Höflichkeiten aus; dann wandte er sich mit ernster Miene an mich:

«TuAma, ich brauche Ihre Hilfe, da wir von der Generaldirektion des Amtes für das Bewässerungswesen einen weiteren Auftrag erhalten haben.»

«Ich würde gerne wieder mit Ihnen zusammenarbeiten, aber ich arbeite erst seit drei Monaten am Vertrag Nr. 6 des Hauptkanals und es wäre nicht richtig, meinen Job dort liegen zu lassen», antwortete ich.

«Ich schätze ihren Einsatz für ihre Aufgabe, aber könnten Sie mir einen Gefallen erweisen? Könnten Sie sich für eine Woche von Ihrer Arbeit frei machen und einen sehr wichtigen Teil meines Vertrages übernehmen?»

«Was wäre meine Aufgabe?»

Er bat mich an einem anderen Schreibtisch, wo viele Luftbildaufnahmen so angeordnet waren, dass sie wie eine einzige grosse mosaikartige Gesamtaufnahme des Projektgebietes aussahen.

«Dies ist der Thartharsee, und hier sehen sie den Damm, der die südliche Begrenzung bildet, wie Sie wissen.»

«Ja.»

«Wir wollen diese Punkte von der Luftaufnahme exakt auf das Terrain übertragen. Nach Abschluss dieser Arbeit müssen die Kreuzungspunkte in Beton gegossen werden, wobei die Mittellinie durch das Einschlagen von Holzpfählen in Abständen von 50 Meter festgelegt wird, wie Sie es schon mehrfach getan haben.» «Es sieht nach einem Projekt für eine

Erweiterung eines Kanals vom Tharthar-Reservoir zum Euphrat bei Falluja mit einer Abzweigung zum Tigris aus.»

«Ja.»

«Das war ja der Plan des irakischen Wiederaufbau- und Entwicklungsplanes während der Monarchie.»

«Ja.»

«Thartharsee war auch ein Projekt der Monarchie,» sagte ich.

«Es sieht so aus, dass sie einen sehr guten Job gemacht haben,» sagte er.

In der Tat hatten sie trotz der sehr beschränkten Mittel und Möglichkeiten einen ausgezeichneten Job gemacht. Die Regierung der Monarchie hatte den richtigen Mann am richtigen Ort eingesetzt. Das ist sicher.

«Einverstanden, Herr Costa, ich werde mir zwei Tage frei nehmen, vom Dienstag, den 17. Juli bis zum Freitag, dem irakischen Wochenende, so dass ich drei Arbeitstage zur Verfügung haben werde.»

«Meinen Sie, das genügt?»

«Ich werde mein Bestes geben.»

Herr Costa fragte: «Wie viele Land-Rover und Arbeiter benötigen Sie?»

«Zwei Land-Rover, acht Arbeiter, einen Theodoliten T2 von Wild Heerbrugg, ein automatisches Nivelliergerät NA2 von Wild Heerbrugg und andere nützliche Geräte und Ausrüstungen.» Costa: «Alles wird sofort zu ihrer Verfügung stehen». «Einverstanden», sagte ich, «ich werde am Dienstagmorgen früh mit der Arbeit beginnen.». Am 17. Juni 1968 verliess ich

36

mein Haus in Jadiriyeh Karradeh Al-Sharkiyeh in Bagdad um etwa 6 Uhr und erreichte Dujail vor 7 Uhr. Ich nahm die Ausrüstung und Kopien der Luftaufnahmen des geplanten Trassees des Kanals und fuhr mit acht Arbeitern nach Samara, etwa 50 km nördlich von Dujail, wo wir links abbogen, um zu den Aufschüttungen des Tharthardammes zu gelangen.

Beim Anfang des geplanten Kanals liess ich die Fahrzeuge anhalten und begann, die Luftaufnahmen zu studieren. Nach der Analyse und Untersuchung des Geländes legte ich den Nullpunkt für das geplante Projekt fest und wies die Arbeiter an, einen Holzpfahl in den Boden einzuschlagen, dann machte ich einen Erdhaufen, bedeckte ihn mit weissem Gips und Wasser, so dass er leicht von Weitem vom Damm aus zu sehen war. Danach fuhr ich in Richtung des nächsten Zwischenpunktes auf die gleiche Weise fort, dann zu den Punkten 2, 3, 4, in die Richtung von Punkt 5, nahe Falluja. Am Nachmittag setzte ich über etwa 6 Kilometer die Mittellinie des Kanals, indem ich alle 50 Meter einen Pfahl einschlug und jeweils mit Gips markierte.

Ich arbeitete bis Sonnenuntergang und auf dem Heimweg hörte ich im Radio Marschmusik, was mich an die Putsche vom 14. Juli 1958, 8. Februar und 18. November 1963 erinnerte. Ich dachte, dass der Regierung etwas geschehen sein musste. Es konnte ein gutes oder schlechtes Zeichen sein. Endlich hörte ich, dass es einen weiteren Putsch gegeben hatte. Ich fragte mich: «Warum konnten die Offiziere der Armee Abdul-Rehman Arifs Regierung stürzen?»

Verglichen mit den Baathisten, war er nicht so schlecht, aber ich fürchtete, dass schlechte baathistische Kerle es wieder taten. Während der nächsten beiden Tage beendete ich den grössten Teil der Markierungen der Mittellinie des Kanals, und Herr Costa war äusserst zufrieden. Er schickte mir 75 irakische Dinar, entsprechend etwa 250 US-Dollar, das war ein sehr guter Lohn in dieser Zeit (vor etwa 50 Jahren) für eine Arbeit von nur drei Tagen und mit entsprechender Anerkennung.

Meine Befürchtungen bezüglich eines Putsches trafen zu. Die baathistischen Offiziere waren die Anführer des Putsches, zusammen mit zwei anderen Offizieren, die nicht Baathisten waren. Ohne diese beiden Offiziere wäre diese baathistische Verschwörung nicht erfolgreich gewesen. Es waren: Abdul-Rezzaq Al-Nayif, Chef des militärischen Geheimdienstes und Ibrahim Abdul-Rehman Al-Dawood, Kommandant der Republikanischen Garde, die behaupteten, den Präsidenten des Irak zu schützen. Die vier obersten Baathisten waren General Salih Mahdi Ammash, General Hardan Abdul-Ghaffar Al-Tikriti, Anwar Abdul-Qadir Al-Hadithi und zuvorderst General Ahmed Hasan Al-Bakr. Dieser hatte nach dem Putsch vom 18. November 1963 erklärt, dass er die Politik aufgäbe. Er wurde Präsident der Republik.

Der Putsch soll von der CIA geplant und genehmigt worden sein und wurde durch den irakischen Botschafter im Libanon, Nasir Al-Hani und dem irakischen Militärattaché in Beirut, Basheer Al-Talib, koordiniert. Al-Hani wurde nach dem Putsch Aussenminister. Der Grund für die amerikanische Unterstützung war eine Übereinkunft zur Erschliessung von Erdölvorkommen durch die irakische Regierung mit den Sowjets, um in den reichen Ölfeldern von Rumelien, nördlich von Basra, Erdöl zu suchen und zu fördern und über die nationale Ölgesellschaft zu vermarkten. Das Datum dieser Übereinkunft war der 24. November 1967. Vorher hatte die Regierung von Abdul-Rehman Arif die Konzession der irakischen Ölgesellschaft für Ölfelder von Rumelien einer nordwesteuropäischen Gesellschaft entzogen und sie am 6. August 1967 der irakischen nationalen Ölgesellschaft übergeben.

Ausserdem gewährte die Regierung von Arif der französischen Ölgesellschaft ERAP eine Konzession über 11'000 km², um Öl zu suchen und irakisches Erdöl zu vermarkten. Ausserdem verwehrte die irakische Regierung der amerikanischen Gesellschaft Pan American, Schwefel zu produzieren, der in grossen Mengen im Irak gefunden wurde.

Da diese Entscheide nicht im Interesse der US- und britischen Ölgiganten waren, unterstützte die amerikanische Regierung den Putsch vom 17. Juli 1968. Der politische Einfluss der amerikanischen Ölgesellschaften und der Politik der amerikanischen Regierung führte zur Kontrolle der Ölressourcen des Nahen Ostens. Die beiden Putschteilnehmer, die keine Baathisten waren, hatten Helfer in der Armee. Trotzdem bestand zwischen den Baathisten und diesen zwei Personen ein Misstrauen; ihr Bündnis hielt nicht lange. Die sogenannten Freunde der Baath-Gruppe überzeugten den Verteidigungsminister, die irakischen Truppen in Jordanien zu besuchen, was er auch tat. Am 30. Juli 1968, während der Verteidigungsminister in Jordanien war, fand ein weiterer Putsch statt. Eine Gruppe von Offizieren der Baathisten und zivile Mitglieder verhafteten Abdul-Rezzaq Al-Nayif.

Unter ihnen war ein bisher unbekannter, junger Mann, Saddam Hussein, damals etwa dreissig Jahre alt. Seine einzige Qualifikation für eine Top-Position in der Regierung war die Verwandtschaft mit Ahmed Hasan Al-Bakr, dem neu ernannten Präsidenten der Republik Irak und Premierminister. Saddam hatte nicht einmal einen Schulabschluss, aber er war ein hochrangiges Mitglied der Baathpartei und in der Parteiorganisation gut bekannt. Abdul-Rezzaq wurde verhaftet, in ein Flugzeug der Iraqi Airways gesetzt und nach London ins Exil geschickt. Am 9. Juli 1978, also genau zehn Jahre später und nach verschiedenen misslungenen Attentatsversuchen, gelang es einem irakischen Agenten, ihn im Park Lane Intercontinental Hotel in London zu ermorden.

Die Baathisten klagten Al-Nayif an, das Abkommen mit den Russen und der französischen Gesellschaft ERAP widerrufen und die Konzession für die Schwefelfelder für die Amerikaner genehmigt zu haben, die Ölfelder von Rumelien der britischen Ölgesellschaft IPC (Iraq Petroleum Company) zurückgegeben zu haben und zum Schluss die irakische nationale Ölgesellschaft (INOC) aufgelöst zu haben. Nur Gott weiss, ob diese Vorwürfe zutrafen und wahr waren oder nicht. Nach dem Putsch vom 30. Juli bildeten die Baathisten den Revolutionären Kommandorat (RCC) mit sechs Mitgliedern und erweiterten ihn am 9. Oktober 1968 um acht weitere Mitglieder.

Der RCC und die regionalen Führungsleute der Baathpartei wurden von Bürgern aus Tikriti und der Ramadi-Sunniten (eine Sekte des Islams) gebildet. Die Sunniten arabischscher Herkunft machten nicht mehr als 20% der irakischen Bevölkerung aus, während die Schiiten, die einen Bevölkerungsanteil von etwa 65% stellten, nur 6% dieser Sitze in der obersten Regierung und der Organisation der Baathpartei innehatten.

Nationen gründen normalerweise Armeen, um ihr Land gegen fremde Feinde zu schützen. Aber der Feind Nummer eins des irakischen Volkes war seine eigene Armee mit ihrer fortwährenden Einmischung in die Politik; die hochrangigen Offiziere brachten sich gegenseitig um, schickten einander ins Exil und verursachten Verwüstungen im ganzen Land. Dies sollte bis April 2003 so weitergehen.

Ahmed Hasan Al-Bakr nannte den Putsch vom 17. bis 30. Juli 1968 die «Weisse Revolution». Dies war der blutigste Putsch, der die Nation jemals getroffen hatte und die Infrastruktur des Landes zerstörte. Ausserdem verhielten sich die Putschisten wie Spinnen, deren grosse und mächtige Exemplare die kleinen und schwachen fressen. So wurde einer der ersten Führer und Organisator des Putsches, Nasir Al-Hani, bereits wenige Monate nach dem 17. Juli 1968 ermordet. Sein Leichnam wurde östlich von Bagdad am Ufer eines Militärmarinekanals gefunden. Dies war der erste grosse Fisch, den die blutrünstigen und hungrigen Haie des Putsches gefressen hatten.

Natürlich arbeitete ich in jener Zeit nicht nur. Ich hatte auch ein Privatleben, dem ausserordentliches Glück beschieden war: Ich war in ein wunderbares und schönes Mädchen namens Suham verliebt und wollte sie so schnell wie möglich heiraten, weil ich fürchtete, unsere Verbindung könnte von ihrer Familie abgelehnt werden. Der irakischen Tradition und der schrecklichen Sitten gemäss, hatten ihre Cousins Vorrang – theoretisch. Wir heirateten am 20. Oktober 1967, ein Jahr nach meinem Abschluss an der Universität von Bagdad. Suham wurde die beste Ehefrau, Mutter und Grossmutter der Welt. Eine gute Ehefrau ist ein grosser Segen Gottes, sie ist der Sonnenschein an bewölkten Tagen und der Vollmondschein in der dunkelsten Nacht.

Der Vertrag mit der spanischen Firma lief im Mai 1968 aus, und ich unterzeichnete sofort einen anderen Vertrag. Hier arbeitete ich mit einem irakischen Partner zusammen am Hauptkanal des Is'Haqi-Bewässerungsprojekts. Dieses Projekt zog sich über einige Jahre hin. Während der letzten Jahre war ich der einzige Ingenieur. Alle anderen Ingenieure zogen sich entweder zurück, oder sie wurden entlassen. Als ich meinem Auftraggeber Abdul-Hussein Al-Mousawi mitteilte, dass ich kündigen werde, weil ich für das Mandali-Bewässerungsprojekt arbeiten wolle, war er überrascht und fragte mich: «Warum verlassen Sie uns?». Es folgt ein längeres Gespräch, in dem ich ihm auseinandersetzte, was ich und meine sechzig bis siebzig Mitarbeiter in den zurückliegenden Jahren für ihn geleistet hatten. Nun wollte ich weiterziehen, um ein noch anspruchsvolleres Projekt zu beginnen. «Ausserdem haben Sie keinen neuen Vertrag für mich, und ich habe bei Ihnen nichts zu tun», schloss ich.

Aber Abdul-Hussein Al-Mousawi wollte nicht, dass ich ihn verliess: «Kommen Sie einfach jeden Tag ins Büro, bis wir einen neuen Kontrakt finden», antwortete er. Er wollte mir tatsächlich einen Lohn zahlen, ohne dass ich eine Arbeit, eine Gegenleistung dafür erbringen musste. Das konnte und wollte ich nicht annehmen.

Wir schieden trotzdem in Freundschaft und gegenseitigem Dank voneinander, und wenige Tage später begann ich die Arbeit an meinem neuen Projekt, das mich drei Jahre in Anspruch nehmen sollte.

Auch diesmal, beim grossen Mandali-Bewässerungsprojekt, war meine Arbeit von Erfolg gekrönt. Ich verdiente mehr als die Bau- und Bewässerungsingenieure, obwohl sie viel mehr Erfahrung hatten. Der Unternehmer Selim Abdullah bezahlte mich jeweils in zwei Tranchen: Die erste Tranche erhielt ich, wenn die anderen Ingenieure dabei waren. Die andere Tranche gab es als Check, den ich in seinem Bagdader Büro abholte.

1972 gründete ich meine eigene Firma, wurde Mitglied der Handelskammer von Bagdad und durfte mich erstmals um die Realisierung staatlicher Projekte bewerben und auch Regierungsaufträge annehmen. Meine Frau Suham schenkte mir am 11.

Dezember 1973 unser erstes Kind, ein Mädchen namens Reem. Unsere Leben wurden noch glücklicher. 1975 änderte ich den Namen meines Geschäftes in *Reem Applied Engineering Bureau* und errichtete im gleichen Jahr zwei Hühnermastbetriebe für etwa 120'000 Hühner pro Jahr. Dazu kamen die Hilfsgebäude, wie beispielsweise ein kleines Haus und eine kleine Fabrik zur Futtermittelproduktion. Nun hatte ich eine zweite Einkommensquelle für meine Familie. Sie entwickelte sich prächtig. Am 12. August 1975 kam Rashaa, ein weiteres reizendes Mädchen, zur Welt. So wurde unsere Familie immer grösser, zumal wir uns auch um unsere Mutter und meinen jüngeren Bruder Jaafar kümmerten, die ebenfalls bei uns im Haus wohnten.

Im September 1976 führte mich eine Geschäftsreise nach Paris und in die Schweiz. Ich verhandelte mit einer sehr bekannten Schweizer Firma im Kanton St. Gallen, der Wild Heerbrugg AG. Mein Gesprächspartner war der Verkaufsdirektor für Asien/Naher Osten, Herr Hugo Müller. Nach einigen Treffen unterzeichnete ich im Januar 1977 den Vertrag zur Generalvertretung von Wild Heerbrugg im Irak. Die Ablöse- und Investitionssumme für bestehende Kundenverträge, die Grundausstattung an Geräten und Servicewerkstätten einschliesslich der Ausbildung qualifizierter Servicemechaniker betrug acht Millionen Schweizer Franken.

Der Vertrieb der Vermessungsinstrumente und Photogrammmetrie-Ausrüstungen von Wild Heerbrugg im Irak wurde ein grosser Erfolg. Zu verdanken hatte ich ihn meinen Praxiserfahrungen und Aktivtäten, aber auch meinen theoretischen Kenntnissen in der Geodäsie und Luftbildvermessung. Und bevor das Jahr zu Ende ging, brachte meine geliebte Suham am 29. Dezember 1977 unseren wunderbaren Sohn Haidar zur Welt.

Im Sommer 1978 besuchte mich Professor Heinrich Lisching in meinem Büro in Bagdad. Er beaufsichtigte eine polnische Firma, die einen Auftrag des irakischen Amtes für Vermessung erhalten hatte. Die Polen sollten die Vermessungspunkte des irakischen Koordinatensystems neu aufbauen.

Ich erzählte ihm von meinen Geschäften: von der Vertretung für Wild Heerbrugg (jetzt Leica Geosystems), vom Import und von der Inbetriebnahme einer Autowaschanlage, von meinem Hühnermastbetrieb, wo wir alles machten vom Küken-Ankauf über die Aufzucht bis hin zur Schlachtung und zum Verkauf des Fleisches.

Heinrich Lisching war sehr erfreut über meine Erfolge: «Wie kommt es, dass Sie so wohlhabend wurden und so erfolgreich sind?», wollte er wissen.

Mein Erfolgsrezept war gar nicht so ungewöhnlich: Ich arbeitete nie als Angestellter der irakischen Regierung, ausserdem war ich stets bereit, das Risiko einzugehen, für Privatunternehmer und auf eigene Rechnung tätig zu werden. Das zahlte sich aus. Mein Geschäft für Vermessungen und Planung von Landstrassen wurde die Nummer 1 im Irak.

Es war in der Tat so: Das Leben lachte meiner Familie und mir zu. Meine Geschäfte blühten, aber die politische Situation und die Sicherheit verschlechterten sich laufend. Saddam Hussein, seine Stiefbrüder und Cousins wurden nach und nach die wirklichen Herrscher des Irak. Sie degradierten den Präsidenten Al-Bakr zur Marionette. Saddam arbeitete sich mit Hilfe seiner Helfershelfer an die Spitze einer absolut tyrannischen Macht. In seiner Funktion als Vizepräsident des Revolutionären Kommandorates kontrollierte er den Geheimdienst, das Militär und andere Sicherheitsorganisationen. Er stellte sicher, dass die Kommandanten dieser Organisationen und die hohen Offiziere hundertprozentig loyal zu ihm waren. Saddam, seine Stiefbrüder und Cousins wurden nach und nach die wirklichen Beherrscher des Irak. Sie beschäftigten Gauner und Gangster sowie sogenannte Sicherheitsleute der untersten sozialen Klasse, einschliesslich Krimineller, um das irakische Volk zu unterdrücken.

In jeder brutalen Diktatur gibt es eine Gruppe, die dem Führer schmeichelt und seine Tapferkeit übertrieben lobt und feiert. Diese Huldigungen erfolgen zum einen gegenüber dem Regenten selbst, aber auch in den Medien, die er kontrolliert. So erfährt das Volk: Er sei der einzige Führer, der das Land regieren könne, eine historische Notwendigkeit, von Gott gesandt, um die Nation zum höchsten Niveau des Fortschrittes, der Zivilisation und des Wohlstandes zu führen.

Für den Irak und seine Bürger hatten diese Speichelleckerei, die Günstlingswirtschaft und die Glorifizierung des Regenten grausame Folgen. Im Laufe der 24 Jahre seiner tyrannischen Herrschaft gesellte sich zu Idiotie und Verrücktheit ein regelrechter Grössenwahn.

Saddam Hussein führte Kriege gegen innere wie äussere Feinde, er bombardierte, mordete, folterte und liess den einst fortschrittlichsten Staat im Nahen Osten zu einem maroden Mittelalterland verkommen. Sein aufgeblasenes Ego flüsterte ihm ein, der Stellvertreter Gottes auf Erden zu sein. Niemand durfte es wagen, seiner Meinung zu widersprechen. Er machte alle Angestellten in den Ministerien und Sicherheitsorganisationen zu machtlosen Lakaien. Saddams Befehlen hatte jedermann zu gehorchen. Ohne Widerspruch, ohne Kopfschütteln.

Regte sich dennoch einmal Widerspruch oder wurde ein Vorschlag ins Spiel gebracht, der nicht auf der Linie Saddams lag, bedeutete dies für den Betroffenen oft Tod nach grausamer Folter – oder die sofortige Ermordung durch Saddam persönlich.

So geschah es Dr. Riyadh Hussein, dem Gesundheitsminister inmitten des irakisch-iranischen Krieges. An einer Kabinettssitzung schlug er Saddam vor, dass dieser vorübergehend als Präsident des Irak zurücktreten solle, bis der Irak und der Iran einen Waffenstillstand geschlossen hätten. Nach Kriegsende könne Saddam dann wieder an die Macht zurückkehren.

Saddam fragte die anderen Kabinettsmitglieder, was sie von dem Vorschlag Riyadh Husseins hielten und ob sie sich der Idee ihres Kollegen anschliessen wollten. Als keiner dem Vorschlag zustimmte, führte

Saddam seinen Gesundheitsminister in einen Neben-
raum, erschoss ihn dort mit seiner Pistole. Dann
kehrte er in den Sitzungsraum zurück und setzte die
Konferenz fort.

Die Botschaft Saddams an die Kabinettsmitglieder
war klar. Er machte aus dem Ministerrat eine Schaf-
herde, die nur einen Hirten hatte: Saddam Hussein.

Man ahnt, was ein Menschenleben in den Augen
Saddams wert war. Wer nicht zu den Anhängern Saddams gehörte und dies nur schon auf subtile Weise
zum Ausdruck brachte, war seines Lebens nicht mehr
sicher. Wer sich hingegen offen zu den Gegnern Saddams bekannte, hatte noch viel mehr zu verlieren als
sein Leben, nämlich das seiner Familienangehörigen
und Freunde. Zu einem solchen Gegner war ich in-
nerlich längst geworden.

Es war eine schizophrene Situation: Auf der einen
Seite lebte ich im Paradies: Meine Geschäfte, mein
Vermögen und meine Familie wuchsen. Auf der an-
deren Seite taumelte mein Land – nach einer Reihe
von Militärputschen zwischen 1958 bis 1968 – dem
Abgrund zu.

Die Baath-Partei Saddam Husseins herrschte uner-
bittlich. Erst recht nach dem Militärputsch vom 17.
Juli 1968. Damals begann der Niedergang des Iraks.
Junge, unerfahrene und brutale Baathisten, angeführt
von Saddam Hussein, begannen das Land zu terrori-
sieren. Opfer waren nicht nur mögliche oder faktische
Gegner der Baath-Partei, sondern auch deren Anhänger und Parteimitglieder. Grausamste Folter, Mord
und das Verschwinden vermeintlicher oder fakti-

scher Gegner gehörten bald einmal zur Tagesordnung im Irak. Die blutrünstigen baathistischen Falken führten eine Schreckensherrschaft gegen das eigene Volk.

Ein besonders trauriger Höhepunkt: Im Winter 1969 beschuldigten die Schergen Saddams grundlos eine friedliche Gruppe von irakischen Juden. Sie folterten und henkten sie alle. Drei Tage lang hingen die Leichen auf dem Al-Tahreer-Platz und dem Um-el-Brom-Platz an den Galgen.

Die Botschaft an die Iraker war klar: «Wer die Baath-Partei und Saddams-Führung kritisiert oder sich ihr widersetzt, erleidet das gleiche Schicksal wie diese Juden.»

Die Schergen der Baath-Partei statuierten weitere Exempel: Erst folterten sie 150 Bürger aus allen Gesellschaftsschichten, dann richteten sie diese Gepeinigten in Zehnergruppen hin. Ihr Ziel war wieder, systematisch Angst und Schrecken in den Herzen aller Menschen zu säen, die keine Mitglieder der Baath-Partei waren. Die Opfer dieser Hinrichtungsserie waren der Verschwörung gegen die Regierung beschuldigt worden, obwohl keiner der Hingerichteten sich zuvor gegen die Junta gestellt hatte. Sie wurden einfach verhaftet, gefoltert und ermordet. Das Ganze trug sich jeweils oft nur innert Stunden zu. Niemand sollte die Gelegenheit haben, einzuschreiten oder gar einen fairen Gerichtsprozess zu fordern.

Die Gefahr und Bedrohung wuchsen mit jedem Tag – wie einst nach der Machtergreifung Hitlers im Deutschen Reich: Unsere irakischen Bürger wurden gezwungen, der Baath-Partei beizutreten. Weigerten sie sich, verloren sie ihre legalen und zivilen Rechte und ihre Arbeit in den Ministerien oder Behörden. Alle Berufsgruppen waren davon betroffen.

Die Baathisten waren in der Tat allmächtig. Sie konnten jeden denunzieren. Ein Bericht an die Sicherheitspolizei, an den Geheimdienst oder sonst eine Behörde reichte vollkommen. In diesem Bericht stand dann beispielsweise, dass Herr XY den Präsidenten Al-Bakr, Saddam Hussein oder ein Mitglied ihrer Familien beleidigt hätte – und schon folgten Verhaftung, Folter und Hinrichtung.

Meinem Cousin Abdul-Karim M Ali erging es so. Er sass in seinem Büro in Karradeh mit sechs anderen Leuten zusammen. Einer der Männer machte einen Witz über Sajida, Saddams Ehefrau. Mein Cousin lächelte nur, er lachte nicht einmal. In der Gruppe befand sich ein Spion Saddams. Er verliess den Raum, telefonierte der Sicherheitspolizei von Karradeh Stadt. Sie kamen mit zwei Vans und verhafteten meinen Cousin und die anderen fünf Personen. Niemand hörte je wieder etwas von ihnen. Und niemand wagte nach ihrem Aufenthaltsort zu fragen. Sie wurden an einem unbekannten Tag in einem unbekannten Gefängnis hingerichtet und in ein unbekanntes Grab geworfen.

Zehntausende von Irakern wurden auf gleiche Weise verhaftet und hingerichtet, unter ihnen 1979 einige weitere meiner Cousins. Alle waren Zivilisten, und keiner von ihnen hatte die Macht, die Regierung zu bedrohen oder irgendetwas gegen sie zu unternehmen. Ihr einziges Verbrechen war, dass sie, wie ich, die Baath-Partei und Saddams Junta nicht mochten.

1980 verhaftete die Sicherheitspolizei weitere meiner Verwandten und Freunde. Die Behörden beschuldigten sie, Widerstand gegen das Regime geleistet zu haben. Damit gerieten auch ich und meine Familie in grosse Gefahr. Denn jeder festgenommene Iraker wurde im ersten Verhör gefragt: «Sag, wer sind deine Freunde?»

Wer auf die «Liste der Freunde» kam, war in den Augen der Sicherheitsorganisationen der Regierung ein Feind der Baath-Partei und der Revolution vom 17. Juli. Es drohte immer das Gleiche: Verhaftung, Folter, Hinrichtung.

Manche gewöhnlichen Gauner und Kriminelle genossen in dieser grauenvollen Zeit eine «Sonderrolle»: Man holte sie aus den gewöhnlichen Gefängnissen für Kriminelle, steckte sie in die Sicherheits- und Geheimdienstgefängnisse für politische Gefangene. Dort wurden sie dann ermuntert, die politischen Gefangenen zu foltern oder deren weibliche Familienmitglieder vor aller Augen zu vergewaltigen. Auf diese Weise wurden Aussagen erpresst, wonach dieser oder jener sich nicht loyal zur irakischen Regierung und Saddam verhalten hatte und das Baath-Regime stürzen wollte.

Ich war längst ein Gegner Saddams. Die Gefahr, von den Sicherheitsbehörden, den Baath-Schergen, einem Denunzianten oder einem Neider ins Visier genommen zu werden, stieg mit meinem geschäftlichen

Erfolg. Der entwickelte sich unverändert auf allen meinen Aktivitätsgebieten. Ich war bald einmal nicht nur der Pionier in der Projektierung und im Bau grosser Verkehrs- und Bewässerungsanlagen, sondern auch ihr Realisator. Dazu gewann ich die Ausschreibungen für die grössten Vermessungsprojekte mit meinem «Reem Applied Engineering Bureau». De facto war ich meinen Mitbewerbern um Jahre voraus, auch den beiden Vermessungsbüros meiner ehemaligen Geodäsie-Professoren an der Universität von Bagdad.

Es war nicht nur Wissen und Können, das uns zum Erfolg führte. Wir hatten in meinem Unternehmen «Reem Applied Engineering Bureau» auch die zuverlässigsten Instrumente. Und nicht zuletzt: Wir verfügten dank der Teilnahme an internationalen Tagungen in Heerbrugg und an Kongressen der International Society of Photogrammetry and Remote Sensing (ISPRS) und der Fédération Internationale de Géodésie et Géophysique (FIG) über die besten Kontakte zu internationalen Spezialisten aller Gebiete.

Auch unser wachsendes Netzwerk zahlte sich aus. Mein Vermessungsbüro stand im Ruf, der zuverlässigste Partner zu sein, wenn es um die Bewältigung höchster Anforderungen im Vermessungswesen ging. Die damit verbundene Reputation brachte uns schliesslich Aufträge zur messtechnischen Bestimmung von 15 Luftwaffenbasen ein.

Schliesslich waren wir auch in die Beschaffung der für die Landesverteidigung wichtigen Beobachtungs- und Zielbestimmungsgeräte involviert. Ungeachtet des schrecklichen Terrors, mit dem die Baath-Partei und Saddam Hussein den Irak und seine Bürger überzogen: Unser Land und unsere Bevölkerung hatten ein Anrecht darauf, bestmöglich auch gegen äussere Feinde verteidigt zu werden. Die technisch recht anspruchsvollen und umfassenden Beschreibungen der optoelektronischen Geräte und Systeme wurden von mir für die Unterbreitung eines Vorschlages zur bestmöglichen Ausstattung unseres Landes aus dem Englischen ins Arabische übersetzt. Es folgte relativ schnell eine Einladung zur Demonstration dieser weltweit führenden Technologiesysteme direkt beim Verteidigungsministerium des Irak durch zwei Schweizer Ingenieure der Heerbrugger Wild-Leitz-Geschäftseinheit «Spezialkonstruktionen». Schliesslich wurden unsere Anstrengungen mit einem Vertragsabschluss belohnt, der ein Auftragsvolumen in Höhe von 23 Millionen Schweizer Franken umfasste. Damit war unser Unternehmen auch in diesem Bereich erneut erfolgreich, dessen erster Auftrag über acht Millionen Franken im Jahre 1977 unsere Übernahme der Generalvertretung zur Folge gehabt hatte.

Auch die Hühnermastbetriebe entwickelten sich sehr gut. Auf Grund dieser kostengünstigen Fleischproduktion konnten wir viele Menschen mit dringend benötigten Proteinen versorgen.

Mein geschäftliches wie privates Ansinnen war, in stiller Opposition zur Regierung unsere Projekte voranzutreiben, die halfen, die Infrastruktur des Landes für die Zeit nach Saddam aufrechtzuerhalten und aufzubauen. Ich schlug den zuständigen Behörden vor, das ganze Land photogrammetrisch genauer zu erfassen und für die Zukunft mit modernen Landinformationssystemen vorzubereiten. Die Verantwortlichen zeigten sich interessiert, darunter vor allem die Saddamisten. Sie sahen in der Beschaffung eines modernen und hochpräzisen Photogrammmetrie- und 3-D-Landinformationssystems vor allem die Chance, das Land und seine Bürger noch besser überwachen zu können und willigten ein. Der Auftrag umfasste einen zweistelligen Millionenbetrag in Schweizer Franken.

Für mich war dieser Geschäftsabschluss in mehrfacher Hinsicht ein wichtiger Schritt. Natürlich profitierte ich finanziell davon. Ich nutzte dieses internationale Geschäft aber auch, um Überschüsse aus meinen Unternehmen und einen guten Teil meiner Marge aus diesem Grossauftrag in die Schweiz zu transferieren. Dieses Geld sollte später im Kampf gegen das Saddam-Regime eingesetzt werden.

Anderswo, nämlich in der Schweiz, sorgte der Grossauftrag aus dem Irak für weihnachtliche Stimmung: Der Pressesprecher des Rheintaler Unternehmens hatte es geschafft, die Meldung über den Photogrammmetrie-Grossauftrag just am Heiligabend in die Nachrichtensendung des in vier Landessprachen orientierenden nationalen Schweizer Radiosenders zu veröffentlichen. Man kann sich vorstellen, wie sich die Beschäftigten der Wild Heerbrugg-Geschäftsbereiche «Photogrammmetrie» und «Spezialkonstruktionen» darüber freuten. Mit dem Grossauftrag endete nämlich für diese Abteilungen die Kurzarbeit, eine weitere Auslastung war gesichert. Man konnte dem neuen Jahr beruhigt entgegensehen.

Nicht so in meiner Heimat, dem Irak. Dort begann Saddam Hussein im September 1980 einen Krieg gegen den Iran, der acht Jahre dauern sollte. Gegen eine Million Menschen verloren in dieser Hölle ihr Leben. Die materiellen Schäden beliefen sich am Ende nach offiziellen Schätzungen im Iran auf 644 Milliarden, im Irak auf 452 Milliarden US-Dollar.

Natürlich wirken diese Zahlen niederdrückend und belastend. Und man mag angesichts der dahinterstehenden Gewalt und des schieren Wahnsinns einwenden, dass jeder von einer Einzelperson ausgehende Versuch, den Terror Saddam Husseins zu bekämpfen, zum Scheitern verurteilt sein musste. Und dennoch mussten Saddam und seine meuchelnden und mordenden Banden bekämpft werden. Taktisch, klug und mit äusserster Vorsicht.

Normalerweise war ich auf Geschäftsreisen alleine unterwegs. Nicht so in den letzten beiden Jahren in die Schweiz. Dorthin nahm ich meine Familie mit: im Sommer 1979 zum ersten Mal und erneut im Juli 1980. Zu dieser Zeit waren wir vor allem mehr als zwei Monate im Rheintal unterwegs, nahe der schweizerisch-österreichischen Grenze, nur wenige Kilometer vor der Mündung des Alpenrheins in den Bodensee.

Meine Familie und ich genossen die Zeit, wir erholten uns, reisten viel. Wie schön diese Zeit für uns war, wie sicher wir uns fühlten, kann jeder ermessen, der den Terror von Saddams brutalen Sicherheits- und Geheimdiensttruppen vor Augen hat und das Leben mit dem in der Schweiz vergleicht. Viele Europäer sind sich hingegen nicht bewusst, dass ihre kostbaren Freiheiten heute von den bereits sie seit Jahrzehnten terrorisierenden religiösen Sekten bedroht sind.

Die Schweiz war für uns eine Art Paradies: Die Leute hier waren freundlich, alles war gut organisiert. Und vor allem: Wir waren sicher. Und so reisten wir in der Schweiz umher, auch ins benachbarte Österreich. Stets waren wir mit meinem Volkswagen unterwegs, den ich 1979 beim lokalen VW-Händler Eggenberger in Heerbrugg gekauft hatte. Wir gewannen viele Schweizer Freunde, die meisten von ihnen arbeiteten natürlich bei Wild Heerbrugg. Und so ist sicher nachvollziehbar, dass wir uns hier bald einmal wie zu Hause fühlten und sehr glücklich waren.

Am 18. September 1980 flogen wir von Zürich nach Athen. Dort blieben wir zwei Tage. Anschliessend kehrten wir nach Bagdad zurück. Wiederum zwei Tage später, am 22. September, einem Montag, griff dann die Armee Saddam Husseins den Iran an. Der bereits erwähnte, und von nun an acht lange Jahre während sogenannte Irak-Iran-Stellvertreter-Krieg begann. Der Beginn dieses Krieges war vor allem für unsere Kinder eine schreckliche Erfahrung. Sie zitterten vor Angst. Die iranische Luftwaffe griff unablässig Bagdad an, die irakische Armee beantwortete diese Angriffe mit Luftabwehrraketen und Kanonen. Tag und Nacht wurde geschossen. Unser Leben, das Leben aller Iraker änderte sich völlig wegen dieses Stellvertreterkriegs, der von Saudi-Arabien, Katar, Kuwait und anderen Golfstaaten finanziert wurde.

Als dieser verheerende Krieg zu Ende ging, war die Infrastruktur des Irak völlig zerstört. Mehr als eine halbe Million Iraker hatten ihr Leben verloren, darunter auch einer meiner Neffen und ein Cousin. Das Leid der vielen Verletzten, Traumatisierten und lebenslang Behinderten war unermesslich.

Folter-Gefängnisse

Ich weise noch einmal darauf hin, dass der Krieg gegen den Iran eine aus meiner Sicht völkerrechtliche Zuwiderhandlung mit unzähligen Toten war, dass es daneben aber einen noch mörderischeren Krieg gegen das eigene Volk gab, den die Geheimpolizei mit ihren Gefängnissen führte. In Saddam Husseins Gefängnissen gibt es keine wirklichen Strafverfahren, sondern Verhöre mit Beleidigungen und Folter. Einer der Direktoren des irakischen Geheimdienstgefängnisses Al-Hakimiyeh sagte einmal: «Keiner kommt in dieses Gefängnis, ohne dass er hingerichtet oder zu einer Haftstrafe verurteilt wird, auch wenn er nur Zeuge war.»

Um Leserinnen und Lesern eine Vorstellung zu vermitteln, wie unmenschlich es im Al-Hakimiyeh-Gefängnis zuging, erwähne ich hier die Erfahrung des Freundes und Zeugen, Dr. Husain Schahristani, einst ein Wissenschaftler der Atomchemie und ein hochrangiger Wissenschaftler in der irakischen Atomenergie-Organisation. Er war in diesem Gefängnis, aber auch im Abu Ghraib-Gefängnis, während etwa zwölf Jahren eingesperrt, weil er sich geweigert hatte, Saddam Hussein beim Erwerb einer Atombombe zu helfen. Er sagt: «Der Gefangene kann monatelang ohne Anklage im Gefängnis sitzen, und es gibt kein Verhör ohne grausame Folterungen. Die Folterung in diesem Gefängnis kennt keine Grenzen, und die Folterer kümmerten sich nicht um die Folgen, auch wenn der Gefangene dabei sterben sollte. Die Menschen wurden hier wie wertloser Abfall behandelt, so dass für den Tod der Gefangenen weder die Befrager noch die Folterer verantwortlich gemacht wurden, auch wenn 100% der Beschuldigten starben. Nach der Richtlinie der Sicherheitsdirektion des Gefängnisses sollte aber die Rate für zulässige Todesfälle 10% nicht übersteigen. Eine solche Grausamkeit gibt es sonst auf der ganzen Welt nicht.»

Eine der zahlreichen Foltermethoden bestand darin, dass der Befrager oder ein Folterknecht dem Inhaftierten mit einem Schweissgasbrenner die Finger, die Nase, die Ohren und den Penis verbrannte. Gestand der Angeklagte nicht, nahm der Folterer eine elektrische Säge, um ihm die Finger, die Hände oder die Beine zu amputieren. Aufhängen an drehenden Ventilatoren an der Decke, Schlagen mit schweren Stöcken und dicken elektrischen Kabeln sowie Verbrennen mit einem heissen Bügeleisen, um den Rücken, die Hände und die Brust des Angeklagten zu verbrennen, sind weitere Beispiele für die grausamen Folterungen. Ich könnte noch lange über weitere Folterungen berichten, die ich später in Dokumenten gesehen oder von Wärtern und 2003 Freigekommenen erfahren habe. Es ist in Wirklichkeit unbeschreiblich. Wer in diese Gefängnisse hineinging, kam nicht mehr lebend heraus. Die Angst war riesengross. Wer sich dagegen wehrte, gefährdete seine Familie und Freunde. Als Oktober 1980 die Feiertage des islamischen Opferfestes bevorstanden, freute ich mich darauf, wieder einmal meine Verwandten zu treffen. Doch ich sah sie erst später Jahre wieder nie mehr.

Flucht durch die Wüste

Am Morgen des 22. Oktober 1980 um 10 Uhr 30, also einen Monat nach dem Beginn des Krieges, wollte ich mit meiner Familie einen Ausflug machen. Unser Ziel war unsere 16 Hektar grosse Obstplantage und der Geflügelmastbetrieb in Mwailha in Haswa. Wir mussten also gut 55 Kilometer von Bagdad in den Süden reisen. Dorthin hatte ich meine zwei älteren und meinen jüngeren Bruder mit ihren Familien und meine Schwester zum Mittagessen und zur gemeinsamen Feier des islamischen Opferfestes eingeladen.

Plötzlich klingelte das Telefon. Mein Neffe Abboud, Sohn meiner Schwester, nahm den Anruf entgegen, da ich in der Garage war, wo sich bereits meine Mutter und mein Bruder Ja'afar aufhielten, die ebenfalls mitfahren wollten.

Abboud rief mir, dass der Anruf für mich sei. Ich nahm den Hörer von Abboud entgegen und vernahm eine Stimme, die ich nie zuvor gehört hatte.

«Bist du Abu Reem?» (Anmerkung: «Abu Reem» ist mein familiärer Rufname, der nichts anderes heisst als «Reems Vater», das Gegenteil also des mich manchmal bei Instrumententests begleitenden schottischen Wild-Consulting-Ingenieurs Peter Jackson, wo bei einem der Vorfahren der Familienname ähnlich gebildet wurde als «Sohn Jakobs».) «Ja, der bin ich,» gab ich dem Anrufer zur Antwort, hatte ich es doch eilig. «Ibrahim sendet dir seine Grüsse.»

Ich war überrascht, denn ich ging davon aus, dass der Anrufer einen anderen Ibrahim meinte. «Warum hat Ibrahim mich nicht vor zwei Tagen besucht, wie er es sonst immer machte, wenn er von Mosul nach Bagdad zum internationalen Flughafen flog?»

Die fremde Stimme sagte: «Ich meine Dr. Ibrahim Al-Nusairi. Wann hast du ihn zuletzt gesehen?»

Nun realisierte ich erschrocken, wer am anderen Ende der Leitung war: die Sicherheitspolizei.

Sofort reagierte ich mit Nachdruck in der Stimme: «Ich habe ihn seit mindestens sechs Monaten nicht gesehen.»

«Er brachte dir ein Auto aus Kuwait, stimmt´s?»

«Ja, das hat er. Ich bezahlte 50'000 US-Dollar dafür.»

«Wir sind die Sicherheitspolizei, und wir rufen dich von TelA'afer, nordwestlich von Mosul, an. Du musst persönlich mit dem Auto, das du von Ibrahim gekauft hast, zu uns kommen.»

«Okay, ich komme.»

Dies war der Moment der Entscheidung über Weiterleben oder Tod. Nicht mehr und nicht weniger.

Schnell ging ich zu meiner Frau und den Kindern, die schon im Auto Platz genommen hatten. Ich sagte ihnen, dass wir unser Zuhause in zwanzig Minuten verlassen und aus unserem Land auf schnellstem Weg flüchten mussten. Meine Kinder begannen sofort zu weinen und kreischten. Mit einem Mal hatte sich zerschlagen, worauf sie sich so sehr gefreut hatten: die Reise, das Spiel mit ihren gleichaltrigen Cousins, der Besuch der Hühnerfarm, das Spielen in den Bewässerungsgräben. Auch das Fisch-Grillgericht auf dem Holzkohlenfeuer, der Genuss frischer Granatäpfel, Datteln und Wassermelonen, die sie in der Plantage ernten und mit Genuss verspeisen wollten, all dies war nun dahin. Mein Beschluss war ein Schock für sie. Auch meine Frau war völlig überrascht und entsetzt. Sie wollte wissen, wer angerufen hatte.

«Schlechte Kerle», antwortete ich. «Wir müssen das Land so schnell wie möglich verlassen.»

Ich bat sie, zwei Koffer mit allem Notwendigen zu packen, während ich derweil unsere Unterlagen vorbereiten wollte, die wir für die Reise und darüber hinaus benötigen würden. Dann beschloss ich, meinen Bruder Abu Safaa und meine Schwester Saadiyeh von meinem Vorhaben zu informieren. Sie wohnten weniger als einen Kilometer von meinem Haus entfernt.

In höchster Anspannung verliess ich meine drei noch immer weinenden Kinder. Sie wussten und verstanden nicht, was vor sich ging. Als ich bei meinen Geschwistern eintraf, erklärte ich ihnen, dass wir unser geliebtes Land so schnell wie möglich verlassen mussten. Zu Hause herrschte noch immer der Schrecken ob der Lage. Meine Kinder waren noch immer aufgelöst. Sie insistierten, dass ich ihnen den Besuch in Mwailha versprochen hatte, doch ich durfte die Sicherheit meiner Familie nicht aufs Spiel setzen.

Dann kam meine Schwester. Sie schlug vor, ich könnte das Land alleine verlassen und meine Familie in Bagdad zurücklassen. Doch ich sagte ihr, ich könne ohne sie nicht leben. Hinzu kam die Gefahr, dass die Leute von der Sicherheitspolizei meine Frau und meine Kinder als Geiseln nehmen würden, um mich zur Rückkehr zu zwingen. Selbst Suham, die beste

Frau der Welt, war mittlerweile nervöser als sonst und den Tränen nahe – doch zur Trauer blieb keine Zeit. Schnell packte sie zwei grosse Koffer, und nach Küssen und Tränen stiegen meine Familie und ich in den Toyota Crown Super Salon.

Mein Bruder Ja'afar bestand darauf, uns bis zur jordanischen Grenze zu begleiten. Zögerlich akzeptierte ich seinen Wunsch. Er setzte sich auf den Beifahrersitz, während meine Frau und die Kinder auf der breiten Rückbank Platz nahmen.

Wir fuhren in Richtung Jordanien und nach etwa fünf Kilometern weinte meine Tochter Reem noch lauter als zuvor, dies sei nicht die Strasse zur Obstplantage und zur Hühnerfarm, meinte sie. Ich sagte ihr, dass wir für einige Tage nach Amman gingen und dann bald zurückkommen würden. Sie akzeptierte das nicht und bestand darauf, zur Party und zum Grillieren nach Mwailha zu fahren. Neben meinen schreienden Kindern zerrte mein verängstigter Bruder an meinen Nerven, der nicht aufhörte zu schimpfen, bis ich das Auto im Ma'amoon-Bezirk anhielt und ihn bat, auszusteigen und mit dem Taxi nach Hause zurückzufahren. Er versprach, ruhig zu sein.

Ich fuhr so schnell wie möglich und erreichte um etwa 14.30 Uhr Ar-Rutba, etwa 400 Kilometer westlich von Bagdad. Hier befand sich der erste von mehreren Kontrollposten, an dem die Reisenden von Sicherheitsmännern erstmals kontrolliert wurden und gegebenenfalls die Erlaubnis zur Weiterreise nach Jordanien oder Syrien erhielten. Alles verlief gut, und unsere Pässe erhielten die entsprechenden Stempel.

Nun mussten mein Bruder Ja'afar und ich Abschied nehmen. Wir taten dies auf die übliche irakische Weise, dann bestieg er einen Kleinbus. Es war ein schwerer Abschied. Wir winkten einander lange zu.

Bald setzten ich und meine Familie die Reise in Richtung jordanische Grenze fort. Die lange Autoschlange vor der Grenze schleppte sich dahin. Wir passierten einen weiteren irakischen Posten, bevor wir den irakischen Zoll an der jordanischen Grenze erreichten. Mittlerweile war es 17.40 Uhr (Bagdader Zeit).

Zu meiner Überraschung forderte mich der irakische Zöllner auf, ein Büro auf der linken Seite der Strasse aufzusuchen. Dort würde mir die endgültige Ausreisegenehmigung erteilt werden.

Als ich das grosse Büro betrat, war ich sicher, dass der diensthabende Mann ein Vertreter des irakischen Geheimdienstes war. Ich legte ihm meinen Pass und den meiner Gattin vor; die Kinder waren in ihrem Pass mit Fotos registriert.

Er sah mich an und sagte: «Nehmen Sie Platz.»

Ich sass etwa fünf Meter vor seinem grossen Schreibtisch und konnte ihn dabei beobachten, wie er andere irakische Pässe unterschrieb.

Nach zehn Minuten nahm er meinen Pass und fragte mich: «Wohin reisen Sie?»

«Nach Jordanien. Es gibt kein anderes Land jenseits dieses Zollpostens.» Auch wenn es nicht ungefährlich war, eine gewisse Gereiztheit konnte ich nicht verbergen. Er legte meinen Pass vor sich auf den

Schreibtisch und unterschrieb weitere Pässe von anderen Personen.

Nach zehn Minuten nahm er sich wieder meinen Pass vor, blätterte ihn durch und sagte: «Ich sehe, Sie reisen viel.»

«Ich arbeite hart, reise viel und bin ein wohlhabender Mann. Meine Familie und ich haben, wie Sie sehen, seit Monaten eine Reisebewilligung, und wenn ich nach Bagdad zurückkomme, kann ich eine weitere Reisebewilligung erhalten.»

Immer wieder legte er meinen Pass zur Seite und beschäftigte sich demonstrativ mit anderen Dingen. Dann fragte er: «Waren Sie in Syrien?»

Die Sache ging mir auf die Nerven. «Sie können den Pass überprüfen. Wenn Sie einen Stempel der syrischen Grenzbehörden finden, war ich dort, andernfalls nicht. Zu Ihrer Information: Ich war noch nie in Syrien», gab ich zur Antwort. «Wozu reisen Sie nach Amman?»

«Es sind Hej-Pilgerfest-Ferien. Wir werden etwa drei oder vier Tage in Amman verbringen, um einzukaufen, und dann nach Bagdad zurückkehren.»

Genau eine Stunde brauchte der Geheimdienstmann für seine dumme Befragung. Dann gab er auf.

Ich hatte gesiegt. Nicht mit Lärm und Gewalt, nicht mit Aufbegehren, sondern mit innerer Stärke und Konzentration, obwohl ich in Wirklichkeit in schrecklicher Sorge um meine Familie war. Es war gut, dass ich diese Angst nicht gezeigt hatte, sie verbergen konnte. Angst vor den Agenten des Tyrannen zu zeigen, machte jedermann zu einer leichten Beute.

Endlich stempelte er unsere Pässe ab. Ich verliess sein Büro ohne ein Wort des Dankes oder Grusses. Meine Kinder und meine Frau waren sehr besorgt und ermüdet. Vor allem meine Frau schlug sich tapfer.

Bei Sonnenuntergang erreichten wir den jordanischen Zoll. Nach der Überprüfung unseres Gepäcks stempelte ein jordanischer Zollbeamter unsere Pässe ab. Wir waren in Sicherheit.

Etwa zweihundert Meter nach der jordanischen Grenze hielt ich am Strassenrand an und stellte den Motor ab. Jetzt hatten wir endlich Zeit zu reden. Ich nahm eine kalte Pepsi Cola aus der Kühlbox, die wir zu Hause mit reichlich Proviant gefüllt hatten.

Erst jetzt wurde mir bewusst, dass der soeben erfolgte Übertritt der irakisch-jordanischen Grenze der kritischste Moment im Leben meiner Familie und mir gewesen war. Noch nie waren wir in einer derart gefährlichen Situation. Das Erlebte glich einer Wiedergeburt – die jedoch auch als Fehl- oder Todgeburt hätte enden können. In letzterem Falle wäre ich verhaftet, dann in einem Büro des Sicherheits- oder Geheimdienstes gefoltert und schliesslich hingerichtet worden.

Nun aber verspürte ich grosse Erleichterung. Gott hatte meiner Familie geholfen, diese sehr gefährliche Situation zu überstehen.

Meine Frau und ich gratulierten uns gegenseitig und dankten Gott dafür, in Sicherheit zu sein. Gleichzeitig sorgten wir uns um meine Brüder. Es bestand die reale Gefahr, dass sie als Geiseln so lange eingesperrt wurden, bis wir nach Bagdad zurückkehren würden. Derartige Geiselnahmen gab es während der Zeit von Saddam und Al-Bakr zuhauf, viele Familien wissen davon zu berichten.

Nach ungefähr drei Stunden Fahrt, in denen wir von der jordanischen Polizei immer wieder zur Überprüfung unseres Gepäcks und unserer Pässe angehalten wurden, erreichten wir Amman. Doch wir wussten nicht, wo wir die Nacht verbringen sollten. Wir folgten den Wegweisern ins Stadtzentrum. Hier gab es nur schlechte Hotels. Nach zweistündiger Suche fanden wir endlich ein Dreisterne-Hotel. Es war eine saubere und bequeme Unterkunft nahe des Busbahnhofs Abdali. 14 Stunden Horrorfahrt mit grösstmöglichen Ängsten und Schrecken lagen hinter uns. Wir checkten ein.

Unser Appartement bestand aus zwei Schlafzimmern, Küche und Badezimmer. Ausserdem führte der Hotelier ein Restaurant. Wir bestellten etwas zu essen und zu trinken. Immer wieder kreisten unsere Gedanken um unsere Verwandten in Bagdad. Am nächsten Morgen wollte ich als erstes ein verschlüsseltes Telegramm an meinen Bruder senden. Es sollte die Mitteilung enthalten, dass der ägyptische Arbeiter Ali in Amman ist und herzliche Grüsse sendet. Das Telegramm wurde nie ausgeliefert.

Kaum hatte ich das Telegrafenamt verlassen, waren wir auch schon auf der schweizerischen Botschaft. Dort legte ich mein Visum für die Schweiz vor und sagte, dass ich Vertreter der schweizerischen Firma Wild Heerbrugg sei. Leider sei das Visum meiner Frau zehn Tage zuvor abgelaufen, wir bräuchten ein neues. Ihre Antwort war: Wir brauchen einen Brief der irakischen Botschaft, dass sie einverstanden ist, deiner Frau ein Visum zu gewähren! Das war ein Schock für mich und ich fragte mich: Wie kommt es, dass die Schweizer Botschaft eine Genehmigung von der irakischen Botschaft benötigt, um ein Visum für einen irakischen Bürger zu erteilen? War die Schweiz irakisches Territorium Saddams?

Später fand ich heraus, dass viele europäische Staaten für die Erteilung von Visa an Bürger nichteuropäischer Länder gleich handelten. Was geschieht da mit solchen, die flüchten müssen, weil sie der Staat oder die eigene Regierung bedroht? Wenn seine eigenen Bürger vor ihm fliehen müssen? Wenn der Staatstyrann über die Menschenrechte seiner Bürger bis ins Ausland verfügt und sie selbst dort noch durch Geheimdienstleute ermorden lässt. Eine mich wie viele Emigranten betreffende Situation, in der die Schweiz traditionell eine liberalere Position einnimmt, aber auch wie alle Staaten immer wieder Fehler macht. Das war hier zweifelsohne der Fall, der dann dank meiner geschäftlichen und privaten Situation bereits beim nächsten Besuch einer Schweizer Botschaft anders gelöst werden konnte. Auf diese Weise bot selbst die Schweiz dem brutalen, schurkischen und teuflischen Diktator eine stillschweigende Unterstützung. Die verursachte zusätzlichen Kummer für mich und die Iraker, die für Freiheit und Gerechtigkeit kämpften. Von den Ländern des damaligen Ostblocks waren wir eine derartige Haltung gewohnt. Wir verachteten sie dafür, also: Jugoslawien, Bulgarien, die Sowjetunion oder die DDR. Denn die Regenten dieser Diktaturen unterstützten Saddam Husseins brutales Regime in vielerlei Beziehung. Sicherheitsexperten dieser Länder trainierten die Sicherheitspolizei Saddams und andere Dienste. Die Knechte Saddams erhielten aus Osteuropa die neuesten Folterinstrumente. Der irakische Geheimdienst freute sich über innovative Technologien zur Überwachung und Bespitzelung seiner Bürger. All dies kam in den Irak aus Ländern, die man damals «Ostblock» nannte.

Auf den Strassen von Amman trafen wir viele Iraker, darunter zwei Freunde aus unserem Bezirk in Karradeh. Ich fragte sie, ob einer von ihnen mit meinem Auto nach Bagdad zurückfahren wollte. Glücklich sagten sie zu. Denn dank eines zweiten Wagens konnten sie mehr einkaufen. Schliesslich wusste niemand, wie lange der irakisch-iranische Krieg noch dauern würde.

Ich fühlte mich in Amman nicht wohl und nicht sicher. Denn der Einfluss der irakischen Regierung auf gewisse Kreise des jordanischen Königreichs war seinerzeit sehr gross. Ich überlegte, welches Land für die Einreise kein Visum verlangte. Wir hatten die Wahl: Ägypten oder Marokko. Nach einer Besprechung mit meiner Frau entschieden wir uns für Ägypten. Wir mussten Saddams Geheimdienst entwischen.

Ohne Zögern buchte ich bei der Egypt Air unseren Flug nach Kairo, übergab unser Auto meinem Kameraden, der es nach Bagdad zurückbringen wollte. Ich vertraute ihm und seinem Freund. Zwei Monate später erfuhr ich, dass die irakische Sicherheitspolizei am

Abend unserer überstürzten Abreise aus Bagdad bei mir zu Hause angerufen hatte. Inaam, meine Schwägerin, hatte den Anruf entgegengenommen. Auf die Frage, warum ich mich noch immer nicht im Gefängnis Tel'Aafer westlich von Mosul eingefunden hätte, hatte sie geantwortet, dass wir am Vormittag nach Amman verreist seien.

Die Antwort des Anrufers war Programm: «Meint er, dass er in Amman sicher ist? Wir werden ihn nächste Woche zurückbringen.»

Um 20 Uhr hob unsere Maschine am Markka International Airport in Amman ab. Mitten in der Nacht trafen wir in Kairo ein. Dort erwartete uns der nächste Horror: Nach einem uns endlos erscheinenden Procedere gelangten wir schliesslich an einen Zollbeamten. Er sollte uns die Einreisebewilligung erteilen. Doch der Mann liess uns einfach stehen und warten.

Das gleiche geschah einem Syrer. Erst als alle anderen Passagiere abgefertigt waren, erteilte der Beamte dem Syrer die Einreisegenehmigung. Für uns hatte er nach wie vor keine Zeit. Ich protestierte, es sei halb drei Uhr nachts, aber es kümmerte ihn nicht.

Endlich, morgens um 3 Uhr, begann er eine Befragung: «Warum kommen Sie nach Ägypten?» «Wir sind Touristen». Er sah die Papiere an: «Wer ist Suham, und in welcher Beziehung steht sie zu Ihnen?» «Sie ist meine Ehefrau, und dies sind meine Kinder. Sie hören, sie nennen mich Papa.» Darauf er: "Wie kann ich wissen, dass sie Ihre Frau ist?» Ich: «Sehen Sie nicht, dass die Kinder im Pass ihrer Mutter meinen Namen tragen?" Er: «Das genügt mir nicht.»

70

Ich war sehr erstaunt über das Benehmen dieses Kerls. Glücklicherweise erinnerte ich mich daran, dass ich meine Heiratsurkunde in meiner Aktentasche trug. Ich hatte sie wenige Tage vor unserer Flucht bei einer Bank benötigt, um mich für mein Konto auszuweisen. Also schob ich dem Zöllner die Heiratsurkunde zu. Endlich hatte er keinen Anlass mehr daran zu zweifeln, dass Suham meine Ehefrau war. . Als nächstes fragte er, wo wir wohnen wollten.

Ich sagte: «Im Nile Hilton.»

Aus mir zunächst unerklärlichen Gründen bestand dieser selbstherrliche Beamte darauf, dass wir in einem anderen Viersternehotel eincheckten. Er rief uns ein Taxi. Es war klar, dass er dafür eine Kommission vom Taxifahrer und vom Hotel kassieren würde.

Ein befreundeter, ägyptischer General bestätigte mir später einmal, warum dieser eklige Typ eines ägyptischen Zöllners unsere Einreise derart verzögert hatte: Er hatte einzig Schmiergeld kassieren wollen. Das hatte ich schon geahnt.

Wir erreichten das Hotel. Es war nicht schlecht.

Kaum hatte ich am nächsten Morgen gefrühstückt, sah ich mich nach einem anderen Hotel um. Schliesslich wollten wir einige Zeit in Kairo bleiben, um anschliessend in die Schweiz weiterzureisen.

Meine Frau schlug vor, eine möblierte Wohnung in einem Hotel zu nehmen. Ich fand etwas Entsprechendes im Bezirk Giza Governorate, auf der westlichen Seite des Nils. Die Wohnung lag in der Nähe unseres bisherigen Hotels und auch nahe der israelischen Botschaft. Bald bezogen wir die Wohnung. Endlich fühlten wir uns wieder einigermassen sicher. Und endlich konnten wir darüber nachdenken, was geschehen war und wie dramatisch sich unser Leben in wenigen Tagen verändert hatte: Wir hatten Bagdad völlig überstürzt verlassen müssen, ohne uns von Mutter, Schwiegermutter, Brüdern, Schwestern und anderen Verwandten verabschieden zu können, da die Sicherheitspolizei und der irakische Geheimdienst unser Telefon sicher abhörten. Ohnedies fürchteten wir, dass unsere Abreise Folgen für unsere Angehörigen und Freunde haben könnte. Auch sie sorgten sich um uns. Niemand wusste, ob es uns tatsächlich gelungen war, das Land zu verlassen oder ob uns einer der irakischen Geheimdienste auf den Fersen war.

Und natürlich konnte sich keiner unserer Verwandten über uns bei den irakischen Sicherheitsbehörden erkundigen. Dies hätte seine sofortige Verhaftung zur Folge gehabt. Eine solche Situation ist in der zivilisierten Welt kaum verständlich.

Ich mietete ein Auto mit einem Fahrer. Er hiess Haj Besyouni und stand uns während unseres Aufenthaltes in Ägypten täglich von 10 bis 20 Uhr zur Verfügung. Wir nutzten die Gelegenheit, die archäologischen Orte in Gizeh mit den grossen Pyramiden, die Sphinx, die alten Moscheen und diverse Museen zu besuchen und Stadtrundfahrten zu unternehmen.

Am Montag, dem 27. Oktober, rief ich bei Wild Heerbrugg an und verlangte Herrn Jürg Keller. Ich bat ihn, ein Telex an die Schweizer Botschaft in Kairo zu senden. Die Botschaft sollte meiner Frau und meinen Kindern ein Visum ausstellen. Ich gab ihm die Nummer ihres Passes und das Ausstelldatum durch. Wild Heerbrugg reagierte sofort: Auf der Schweizer Botschaft wurden wir freundlich empfangen und erhielten die Visa. Wie glücklich waren wir, demnächst in die Schweiz zurückkehren zu können, in jenes Land also, wo wir vor kurzem wunderschöne Sommerferien verbracht hatten.

Vier Tage nach der Ausstellung der Visa, also am 1. November, flogen wir mit der Swissair von Kairo nach Zürich. Von dort ging es weiter mit dem Zug nach Heerbrugg im Kanton St. Gallen.

Sicherer Hafen Schweiz

Am 2. November 1980, also elf Tage nach unserer
Flucht aus Bagdad, rief ich aus einer Telefonkabine
unter meinem Decknamen Abu Aziz meine Schwester Sa'adijeye an und sagte ihr, dass wir sicher und
gesund in der Schweiz angekommen seien. Elf Tage
lang waren meine Mutter, meine vier Brüder, meine
Schwester und mehrere Dutzende von engen Verwandten und Freunden in grosser Sorge um unser
Schicksal gewesen.

Bei meinen früheren Besuchen in der Schweiz hatte
ich bald einmal gemerkt, dass die Schweizer im
Rheintal kaum Englisch sprachen. Ich beherrschte damals zwar Englisch und Französisch, musste aber
gleichwohl Deutsch lernen. 1977 begann ich damit
und kaufte mir ein Sprachprogramm: Das war in einer Art Aktenkoffer, der ein deutschsprachiges Lehr-
buch und einige Audiokassetten enthielt. Die Lektionen las ich zu Hause, die Kassetten hörte ich während
meiner vielen Autofahrten zwischen Bagdad und Mosul oder wenn ich die rund 560 Kilometer nach Basra
unterwegs war.

Dies war eine gute Methode, die Lektionen aus den
Büchern zu üben und die Sprache zu lernen. Natürlich machte ich die besten Fortschritte, wenn ich in
der deutschsprachigen Schweiz herumreiste. Mein
Motto war: Sprechen, sprechen und keine Angst vor
Fehlern haben. Auch hatte ich immer ein Notizbuch
dabei. In dieses schrieb ich jedes neue Wort auf, das
ich hörte. Neben das deutsche Wort notierte ich die

arabische und die englische Bedeutung. Ich erinnere mich an einen Abend im Hotel Metropol in Widnau, als ein mir bekannter Hotelgast zu einem anderen Gast sagte: «TuAma hat mich heute Abend überrascht. Als dieser irakische Geschäftsmann vor zwei Monaten da war, konnte er kaum ein Wort Deutsch. Jetzt spricht er schon ganz gut.» Es war klar, dass alle aus meiner Familie Deutsch lernen mussten, als wir nun im November 1980 in der Schweiz angekommen waren. Zwei Wochen nach unserer Ankunft gründete ich das irakische Komitee für Bürgerrechte in der Schweiz. Mit dabei waren mein aus der Familie meiner Mutter stammender Cousin Muwaffaq, Übername Abu Sameereh, und andere.

Wir schrieben Briefe: an die UNO, an den US- Präsidenten, den Premierminister des Vereinigten Königreiches, Kanadas und der meisten freien Länder Europas, an Nachrichtenagenturen, Amnesty International und an alle Könige, Präsidenten und einige ausgewählte arabische Nachrichtenagenturen, ausserdem an den Präsidenten von Pakistan und den Premierminister von Indien. All diesen Leuten teilten wir mit, was im Irak seit dem Militärputsch der Baath-Partei vom 17. Juli 1968 geschehen war.

Die einzig erwähnenswerte Reaktion kam von Pierre Trudeau, dem damaligen Premierminister von Kanada und Vater des jetzigen Regierungschefs. Die obersten Politiker der anderen Länder hingegen scherten sich nicht darum, was dem irakischen Volk geschah. In der Schweiz hatte ich als erfolgreicher Geschäftsmann einen guten Ruf und genoss aufgrund meiner beruflichen Praxiserfahrung hohes Ansehen. Man erkannte bald, dass meine Übersetzungen der umfangreichen und technisch sehr anspruchsvollen Wild Heerbrugg-Bedienungsanleitungen ins Arabische perfekt waren. Mitunter übernahmen die Redaktoren der ursprünglichen Textfassung sogar von mir Präzisierungen, die ich bei der Übersetzung in die arabischen Texte eingebaut hatte.

Dass ich in der Schweiz gut startete, hatte auch damit zu tun, dass ich dem Unternehmen Wild Heerbrugg, als ich noch im Irak lebte, zu einem ansehnlichen Auftrag verholfen hatte. Etwa ein Zehntel der zweitausend Beschäftigten und ein Fünftel der Kurzarbeiter war davon betroffen und waren damit wieder voll ausgelastet.

Dieser Auftrag hatte indes nicht nur betriebswirtschaftlich positive Auswirkungen. Wild Heerbrugg hatte – dank meiner damaligen Verbindungen – auch Kontakte zu den Fachleuten der irakischen Landentwicklung – darunter zu meinem sehr verehrten polnischen Professor Lisching – knüpfen können.

Der Laie kann sich kaum vorstellen, welche Bedeutung die schweizerische Vermessungs- und Kartierungstechnologie für Entwicklungs- und Schwellenländer wie den Irak hatte und auch heutzutage für die Planung und Implementierung grosser Infrastrukturprojekte hat. Man muss wissen, dass die in Heerbrugg entwickelten und gefertigten Geräte und Systeme in aller Welt halfen, Ressourcen zu erschliessen und zu bewirtschaften und geographisch orientierte Landinformationssysteme zu erstellen. Hier wurden die

Grundlagen für das gelegt, was wir heute GPS-Navigation und googeln nennen und was mit der photogrammetrischen Erfassung begann. In vielen Ländern wurde dafür Hochleistungsoptik-Technologie von Wild Heerbrugg eingesetzt: Die NASA eichte mittels des Präzisionstheodoliten Wild T3 die Steuerungssysteme ihrer Raketentriebwerke, als die erste Mondlandung anstand; die Erbauer des Eurotunnels bestimmten damit auf beiden Seiten des Ärmelkanals die Einstichstellen der Tunnelbaumaschinen. Der peruanische Ökonom Hernando de Soto (*1941) stellte in einer Studie fest, dass jene Länder längerfristig wirtschaftlich erfolgreich sind, deren Bürger präzise vermessene und behördlicherseits entsprechend dokumentierte Landflächen erwerben können. Wo Rechtssicherheit herrscht, wird also Boden belehnt und investiert. Und wo investiert wird, entsteht Wachstum. Auch im Umweltschutz sind die Geräte und Systeme der Vermessungstechnik unabdingbar. Mit Hochleistungsoptik und Präzisionsmesstechnik ausgestattete Systeme sind somit ein Segen – oder ein Fluch, beispielsweise wenn sie im Krieg für die Zielauffindung zum Einsatz kommen. Und den hatte Saddam Hussein mit dem Iran genau einen Monat vor unserer Flucht begonnen.

Ich wusste nicht, was mit meinen Geschäften geschehen würde und ob meine bisherigen Kunden nach wie vor der Reem Applied ihr Vertrauen schenken würden. Doch das Vertrauen, das ich in zwei Jahrzehnten in der gesamten Branche aufgebaut hatte und der Wunsch, weiterhin mit Instrumenten der

Marke Wild Heerbrugg, später Wild Leitz und Leica zu arbeiten sowie die Serviceangebote zu nutzen, zahlten sich nun aus. Mit wenigen Ausnahmen blieben sowohl die staatlichen als auch die privaten Kunden dem Unternehmen treu, das ich aus der Schweiz und Jordanien mittels mir vertrauter langjähriger Mitarbeiter und einem, so erschien er mir damals, angesehenen Bekannten als Galionsfigur auf Kurs hielt, so dass er seiner bisherigen Tätigkeit weiterhin nachgehen konnte und von mir aus dem Ausland honoriert wurde. Das funktionierte. Wir hielten 70-80% Marktanteile – ein Jahrzehnt lang. Dies war auch meinem hohen Ansehen in der Fachwelt, bei den bisherigen Kunden und in regimekritischen Kreisen zu verdanken. Zu Ende ging diese Erfolgswelle erst, als nach Saddams Invasion in Kuwait am 2. August 1990 die UN-Sicherheitsresolution Nr. 661, Paragraph C, vom 6. August 1990, jeglichen Güterexport in den Irak verbot.

Kaum hatte ich mich nach dem Kriegsausbruch 1990 wieder zurechtgefunden und eine neue Strategie entwickelt, da vernahm ich die Hiobsbotschaft über eine Entscheidung eines alten Heerbrugger Freundes. Er hatte nicht zuletzt dank meiner Erfolge im Unternehmen Karriere gemacht. Obwohl der Irak nach der Übernahme der Generalvertretungsrechte durch mich während mehrerer Jahre das umsatzstärkste Generalvertretungsland der Wild Heerbrugg AG war, scheute dieser Freund nicht davor zurück, die neuen Vertretungsrechte einem jordanischen Importeur zu übergeben, ohne mit mir darüber geredet zu haben.

Seither sind die japanischen Konkurrenten dort die Marktführer.

Noch rücksichtloser und hochgradig kriminell handelte aber der als Geschäftsführer der Reem Applied eingesetzte Vertraute. Wie ich 23 Jahre nach meiner Flucht bei meiner zeitweisen Rückkehr im Jahre 2003 vor Ort in Bagdad erkennen musste, hatte er mich seit langem betrogen und alle meine lokalen Gewinne für sich abgezweigt. Der Herr hatte also die Tatsache ausgenutzt, dass ich aus politischen Gründen nicht in den Irak zurückkehren konnte. Er handelte im Glauben, dass Saddam Hussein oder einer seiner Söhne so lange an der Macht bleiben würden und ich im Ausland sterben müsste. Leider habe ich alles Geld bei ihm als Treuhandfonds gelassen, denn es gab keine Möglichkeit, mein Geld auf meine Konten im Ausland zu transferieren.

Als ich 2003 in den Irak zurückkehrte, floh er nach Ägypten, wo er auch heute noch lebt. Ich verlor durch ihn 8 Millionen US-Dollar.

Wie aber ging es für uns weiter in der Schweiz?

Wir verbrachten in der Schweiz eine schöne Zeit und lebten von meinen bei zwei Schweizer Grossbanken angelegten früheren Ersparnissen aus den Jahren 1977-1980. Sie betrugen über eine Million Franken. Ausserdem erhielt ich weiterhin meine Geschäftsprovisionen von Wild, die ich auch in Aktien und andere Geschäfte investierte. Und nicht zuletzt pflegte ich ein Hobby, erwarb ein Bodenseeschiff vom Typ «Atlanta Boat»; eine der grösseren Jachten auf dem Schwäbischen Meer. Das Boot hatte zwei kleine Schlafräume und einem Aufenthaltsraum. Dort bewirtete ich Kunden und Freunde. Nicht zu vergessen: In Amman baute ich Mitte der 80iger Jahre ein fantastisches Haus, derweil wir in der Schweiz wohnten und unsere Kinder hier zur Schule gingen. Wir fanden in der Schweiz gute Freunde und pflegten Kontakte zu Persönlichkeiten aus verschiedenen Ländern. Aber natürlich vermissten wir unsere Heimat, die Kultur unseres Landes und vor allem die Nähe zu unserer arabischen Grossfamilie.

Unsere drei Kinder wuchsen in der Schweiz mit gleichaltrigen Mädchen und Buben auf. Sie schwärmen noch immer von der Schweiz. Sie waren beliebt. Ich sehe noch heute die freudigen Gesichter der Lehrerinnen und Lehrer, wenn sie an Elternabenden und bei persönlichen Begegnungen über die Leistungen unserer zuerst eingeschulten Tochter Reem und später auch von Rashaa, sprachen. Reem war – trotz fremder Muttersprache und Schriftkultur – Klassenbeste! Dabei hatten unsere bislang ausschliesslich arabisch sprechenden Kinder ja nicht nur Deutsch, sondern auch die Landessprache Schwyzerdütsch erlernen müssen. Als Zwölfjährige bestand Reem die Aufnahmeprüfung auf die nächste weiterführende Schule mit der bei Weitem höchsten Punktzahl!

Sieben Jahre lebten wir in der Schweiz. Es war eine schöne Zeit. Gleichwohl überkam mich immer wieder das Heimweh. Auch verspürte ich den Wunsch, Saddam Hussein noch besser bekämpfen und wieder Geschäfte tätigen zu können. Freunde, mit denen ich darüber sprach, bestärkten mich in dem Entschluss, die jordanische Hauptstadt Amman als neuen Sitz im Exil zu wählen.

Am 14. April 1987 zogen wir nach Jordanien, wo ich das bereits erwähnte dreistöckige Haus mit Flachdach und einer Wohnfläche von 160 Quadratmetern hatte bauen lassen. Das Haus war während dieser Jahre mein ganzer Stolz. Es bestand aus neun Schlafzimmern, drei Wohnzimmern, einer grossen Eingangs- und Empfangshalle, einem grossen Essraum, vier Badezimmern, einem Duschraum und einem Aufzug. Ein wahrer Palast also. Das Haus stand inmitten eines hübschen Gartens. Das Grundstück mass tausend Quadratmeter.

Der Grund meiner Entscheidung zum Wohnsitzwechsel nach Jordanien waren die vielen Zusicherungen von hohen, befreundeten jordanischen Regierungsbeamten, wonach meine Familie und ich sicher in Jordanien würden leben können. Meine Freunde wollten sicherstellen, dass der irakische Geheimdienst weder mich noch ein Familienmitglied entführen konnte. Sie lösten ihr Versprechen ein, wie wir später sehen werden.

Nun mussten unsere Kinder Englisch lernen und auch ihre Arabischkenntnisse verbessern. Ich engagierte Privatlehrer, die sie in diesen Sprachen zu Hause unterrichteten. Ausserdem besuchten sie eine jordanische Privatschule. In der Schweiz war ihre erste Sprache Deutsch in der Schule und Schweizerdeutsch als Umgangssprache gewesen.

Wenngleich die beiden ersten Jahre für meine Kinder generell etwas schwierig waren, mit dem

Erlernen beziehungsweise Vertiefen der englischen und der arabischen Sprache taten sie sich leicht. Später gehörten sie wiederum zu den Klassenbesten.

Wir hatten sehr gute irakische und jordanische Freunde in Amman, und viele von unseren Verwandten und Freunden besuchten uns hier. Dies ermöglichte es meinen Kindern, ihre Onkel, Tanten und Cousins (besser) kennen zu lernen, waren sie 1980 doch noch klein gewesen, als wir den Irak hatten verlassen müssen. Sie fanden in Amman in der Private Arab Model School auch viele jordanische Freunde und Schulkameraden.

Saddams Druck auf Amman

Amman liegt sehr nahe am Irak, und die Iraker benötigten kein Visum für die Einreise nach Jordanien. Diese Konstellation ermöglichte es meinen Verwandten, uns ohne grosse Umstände zu besuchen. Meine Mutter, meine Schwiegermutter, mein Bruder Jaafar und seine Familie, mein ältester Bruder Muhammed Hasan und mein Neffe Safaa und seine Schwester Wafaa Saad sowie zahlreiche andere Neffen und Nichten, Verwandte und Freunde nutzten diese Möglichkeit gerne und oft. Wir hatten deshalb während der Sommerferien immer ein volles Haus.

Auch die beiden Schweizer Familien von Max Kellenberger sowie von Kristine Schlegel und Carla Manetsch waren bei uns zu Gast. Ausserdem pflegten wir schöne Freundschaften mit der Familie Majali, mit Scheich Fawwaz M Auda Abu Tayih, dem Chef des jordanischen königlichen Protokolls und Enkel von Auda Abu Tayih. Auch Generäle des jordanischen Geheimdienstes und der jordanischen Sicherheitspolizei gehörten zu unseren regelmässigen Gästen. Hier ist vor allem General Yousif Al-Garaybeh zu nennen, des Weiteren verschiedene Mitglieder der Königsfamilie. All diese Freundschaften halfen uns, dass wir uns in Amman sicher und wohl fühlen konnten.

Wie wichtig gute Freunde waren und sind, sei an einem Beispiel illustriert: Ich wollte eine Handelsfirma gründen, lief dabei aber Gefahr nach der Registrierung dieses Unternehmens vom irakischen

Geheimdienst entdeckt zu werden. Sehr gute Freunde aus Amman, Major T. L. und seine Familie, halfen mir, indem die Frau des Majors in ihrem Namen die Handelsfirma gründete. Nun konnte ich aus der nahe Amman gelegenen Zarqa-Freihandelszone Güter in den Irak exportieren.

Kampf gegen die Mörderbande

Von meinem neuen Wohnort aus versuchte ich, meine politischen Aktivitäten gegen das Saddam-Regime wieder in verstärktem Masse aufzunehmen. Unterstützung fand ich bei: Husham Al-Shawi, dem irakischen Botschafter in Kanada, und bei Hamid Al-Jubouri, dem seit 1990 irakischen Botschafter in Tunesien. Ihn hatte ich bereits in Bern kennengelernt, als er noch irakischer Botschafter in der Schweiz war und aufgrund unserer Freundschaft 1986 dem Rheintaler Unternehmen Wild Heerbrugg einen Besuch abstattete. Beide Diplomaten engagierten sich gegen Saddam.

Im Irak gab es viele hohe Offiziere der Republikanischen Garden (Saddam Husseins Elitetruppe), die gegen Saddam waren. Und auch beim irakischen Geheimdienst gab es Leute, die alles andere als glücklich waren über Saddams Kriege und zerstörerische Politik. Die meisten dieser Offiziere hatten einige gute Freunde oder Verwandte verloren. Ihnen war es ebenso ergangen wie den vermeintlichen oder tatsächlichen Feinden des Regimes. Sie waren nach argen Torturen hingerichtet worden. Eine der Hinrichtungsformen bestand darin, die Opfer so lange zu foltern, bis sie starben. So soll es auch General Dr. Raji Abbas Al-Tikriti, einem Schulkameraden Saddams aus der Primarschule in Tikrit, ergangen sein. Er wurde 1993 umgebracht, indem man ihm solange Löcher in den Schädel bohrte, bis der einstige Schulfreund tot war. Es war klar, dass solche Gräuel nicht nur in der Bevölkerung, sondern auch unter den Kostgängern Saddams für Entsetzen sorgten. Und etliche dieser entsetzten Kommandanten von Brigaden, Divisionen und Truppengattungen waren bereit und willens, Saddams Regime zu stürzen.

Einer meiner besten Freunde war der Scheich eines Stammes, dem Hunderte von Armeeoffizieren angehörten. Es stellte sich die Frage, wie wir auf konspirativem Wege miteinander kommunizieren konnten. Er und ich dachten, der beste Weg Briefe unter den Offizieren auszutauschen sei, einen Tankwagen mit 35'000 Litern Fassungsvermögen Rohöl anzuschaffen und den Transport des Öls aus dem Irak zur Raffinerie von Zarqa nahe Amman und zurück dazu zu benutzen, unsere Informationen zwischen dem Scheich im Irak und mir in Amman verdeckt auszutauschen.

An diesem Beispiel ist gut erkennbar, wie schwierig die Lage im Irak damals war. Normal zu kommunizieren, zu telefonieren, zu schreiben, war unmöglich und konnte im Zweifelsfalle tödlich sein.

Ich kaufte also den Tanklastwagen, und wir stellten zwei Lastwagenfahrer aus dem Stamme des Scheichs ein. Sie sollten in Zigarettenpackungen verschlüsselte Briefe transportieren. Auf diese Weise wollten wir die Kommunikation unter den abtrünnigen Offizieren sicherstellen, und über diesen Weg konnten wir nach und nach aus der Republikanischen Garde und aus den Spezialtruppen Bodentruppen rekrutieren, die dereinst Saddams Regime stürzen sollten. Unser grösstes Problem in diesem Zusammenhang war die irakische Luftwaffe. Von ihr konnten wir keinerlei Unterstützung erwarten. Man muss wissen: Die Leute von der Luftwaffe erhielten stets sehr hohe Gehälter, daneben wurden sie von Saddam Hussein immer wieder grosszügig mit Geschenken (Mercedes-Limousinen, Wohnungen und Grundstücken in Bagdad) bedacht. Deshalb verhielten sie sich dem Diktator des Irak gegenüber stets äusserst loyal.

Ohnedies war unsere Operation nicht als Militärputsch angelegt: Wir planten eine Revolution der irakischen Armee unter Mitwirkung der Bevölkerung. Die zivilen oppositionellen Kräfte sollten von Anfang an so weit wie möglich mit einbezogen werden, auch weil die neue Regierung des Iraks eine Zivilregierung sein sollte, die aus allen irakischen Gruppierungen und politischen Parteien gebildet werden sollte.

Um das Problem mit der irakischen Luftwaffe lösen zu können, kontaktierte ich einen sehr guten Freund und wunderbaren Mann in der amerikanischen Botschaft in Amman. Er heisst Francis Ricciardone und war erster Sekretär des damaligen US-Botschafters in Jordanien. Heute ist er Präsident der American University in Kairo. Ich bat Francis, seine Regierung zu ersuchen, den ganzen Irak vorübergehend zur Flugverbotszone zu erklären, bis wir Saddams Regime gestürzt hatten. Doch wir hatten kein Glück. Die Amerikaner verweigerten uns ihre Unterstützung, sie wollten im Irak keine Flugverbotszone etablieren. So mussten wir unseren Plan einfrieren und warten. Wir warteten – bis zur Invasion der Amerikaner am 20. März 2003. Jedermann weiss, dass dieser Krieg mehr Schlechtes als Gutes bewirkte. Doch zurück zu den Jahren 1992/1993: Damals reiste ich mehrmals nach Tunis, unter anderem um den dort ansässigen Botschafter Hamid Al-Jubouri zu besuchen. Er war ein Freund, seit er irakischer Botschafter in der Schweiz gewesen war, und ich mit meiner Familie in der Schweiz gelebt hatte.

Unsere Freundschaft entstand, als ich einmal während eines Telefonates mit meinem Bruder Jaafar, der wiederum mit dem Neffen des Botschafters befreundet war, eine verschlüsselte Botschaft erhielt. Dieser Neffe war ein Oberst des irakischen Geheimdienstes. Die Botschaft lautete: «Hamid mag Qasim nicht». Qasim war einer von mehreren von uns benutzten Spitznamen für Saddam Hussein. Nun wusste ich, dass ich mich auf Hamid Al-Jubouri verlassen konnte. Er war einer von uns. An unseren regelmässigen Treffen in Tunis nahm auch Scheich Bakir Mahmoud Rasoul teil, der offizielle Vorsitzende der arabischen Arbeiterorganisation mit Sitz in Kairo in Ägypten. Die Organisation war ein Teil der Arabischen Liga. Er ist immer noch ein sehr guter Freund.

Natürlich stand ich auch immer wieder mit dem in Kanada residierenden Botschafter Husham Al-Shawi in Verbindung. Ihn rief ich meistens von Amman oder Tunis aus an. Selbstverständlich mussten wir unsere Konversationen über mögliche Wege zum Sturz Saddam Husseins verschlüsseln. Hushams Codename war Abu Ibrahim. Sein richtiger Übername war Abu Al-Hakam. 1993 besuchte ich ihn in Ottawa und schilderte ihm unsere weiteren Pläne zum Sturz des

Regimes. Wir kamen überein, dass er und der in Tunis ansässige Botschafter Hamid Al-Jubouri sich am 31. Juli 1993 absetzen sollten. Unser Plan sah vor, dass Scheich Bakir Mahmoud Rasoul, der Scheich von Pachdar, mit seinen rund 10'000 Kämpfern eine Kerntruppe gegen Saddam Hussein bilden sollte. Diese sollte in den Bergen nahe Pachdar City, im Nordosten des Irak, eine Basis errichten. Wie geplant, setzten sich die beiden Botschafter am 31. Juni 1993 ab, aber wegen verschiedener Schwierigkeiten konnten wir unsere Basis in Nordosten des Irak nicht aufbauen. Die Gründe werden später erklärt.

Hamid Al-Jubouri schickte mir 39 Kisten. Sie enthielten sein Gepäck und das seiner neun Familienmitglieder. Er hatte mich vor seiner Flucht gebeten, alles in kleinen Sendungen an seine Verwandten in Al-Qasim, einer kleinen Stadt im Irak, zu schicken. Diese Begebenheit und meine vielen Besuche in Tunis in den Jahren 1992 und 1993 weckten schliesslich bei den Bagdader Machthabern den Verdacht, dass ich mit dem Überlaufen und Untertauchen der beiden Botschafter und mit oppositionellen Bestrebungen zum Sturz des Saddam-Regimes etwas zu tun hatte.

Im März 1994 befahl Saddam Hussein dem irakischen Geheimdienst, mich zu ermorden. Auch meine Freunde Scheich Talib Al-Sihail, Hamid Alwan Al-Jubouri, der ebenfalls übergelaufene irakischen Botschafter in den Niederlanden, Safa'a Al-Feleki und ein anderer abtrünniger irakischer Botschafter in Spanien sollten liquidiert werden. Die Geschichte der beiden abtrünnigen Botschafter aus Tunesien und

Kanada ist unglaublich traumatisch und wäre Stoff für einen Dokumentarfilm, der jeden Thriller übertrifft. Mir gelang es ein weiteres Mal zu entwischen; diesmal dank der Warnung des jordanischen Geheimdienstes, genauer: dank General Saadi Al-Zaatari und Abu Akram. Dieses Mal flüchteten wir nach London, wo ich mit meiner Familie bis heute lebe. Meine Tochter Reem beklagte sich damals: «Sieben Jahre habe ich im Irak gelebt, fast sieben Jahre in der Schweiz und dann sieben Jahre in Jordanien. Warum müssen wir alle sieben Jahre umziehen?»

Von London aus setzte ich meinen Kampf gegen Saddam Hussein und sein Regime bis zum dritten Golfkrieg fort, der vom 20. März bis 9.April 2003 stattfand und ausser der Eliminierung Saddam Husseins mehr Schaden anrichtete und Unfrieden schuf als dass er Frieden gebracht hätte.

Die «Koalition der Willigen»

Am 20. März 2003 begann die «Koalition der Willigen» mit der Bombardierung Bagdads. Der «Dritte Golfkrieg», auch »Irakkrieg» genannt, hatte begonnen. Am 1. Mai desselben Jahres erklärte US-Präsident George W. Bush den Krieg als beendet.

Doch das stimmte nicht. Der Krieg dauerte nicht einen Monat und 10 Tage. Er besteht nach wie vor.

Die Niederschlagung der irakischen Streitkräfte und die Besetzung des Irak hatten und haben noch immer verheerende Folgen für unser Land. Man hatte so gut wie alles falsch gemacht: die Invasion in den Irak 2003, die Auflösung und Demobilisierung der irakischen Armee, der Polizei und der Grenzwache: All dies führte das Land praktisch in die Anarchie.

Die «Koalition der Willigen» und alle, die danach kamen, übersahen: Nicht alle irakischen Offiziere waren Anhänger des Saddam-Regimes. Sicher, eine grosse Zahl der Opposition war hingerichtet worden, aber es gab immer noch Kräfte, die einst gegen Saddam Hussein gestanden hatten, auch wenn ihr Denken und Tun nicht zum Sturz des Diktators geführt hatte. Auf sie hätte man nun setzen können.

Die Armee hätte reformiert, aber nicht aufgelöst werden müssen. Denn selbst unter jenen Armeeangehörigen, die nicht gegen Saddam gekämpft hatten, gab es «brauchbare» Leute. Sie waren Söldner Saddams gewesen, hatten keine Prinzipien gehabt, aber auch keine echte und ehrliche Loyalität verspürt, geschweige denn praktiziert. Die Auflösung der Armee und vieler über- wie untergeordneter Strukturen war ein in vielfacher Hinsicht tödlicher Fehler. In der Folge wurde der Irak zum Einfallstor für islamistische Terrorgruppen und der Al-Qaida. Von allen Seiten strömten sie herbei, begingen unzählige, grausamste terroristische Anschläge, Morde und Massaker, die den Tod, Verletzungen und Verkrüppelung von mehr als einer Million irakischer Bürger zur Folge hatten.

Gegen 4'802 Todesopfer hatte alleine die «Koalition der Willigen» zu beklagen, 4'482 von ihnen waren Amerikaner, dazu kamen 32'200 Verwundete, wie der «Guardian» am 15. Dezember 2011 schrieb.

Angesichts der sich seit 2003 noch immer laufend erhöhenden Horrorzahlen von Toten, Verletzten, Verschwundenen, Entführten, Versklavten und Verkauften mutet die Tatsache, dass die Streitkräfte der Koalition und die Terroristen ab dem März 2003 die irakische Infrastruktur weitgehend zerstörten, beinahe nebensächlich an.

Was blieb von uns, von jenen, die in den Jahren des Kriegs zwischen Irak und Iran versucht hatten, das Regime Saddams zu stürzen?

Wir erlebten die völlig unüberlegte Aktion der USA und ihrer Verbündeten inklusive sämtlicher Folgen und Spätfolgen als «friendly fire» – im Dauerbeschuss.

Die Amerikaner waren uns nicht nur während des Irak-Iran-Krieges in den Rücken gefallen, als sie es abgelehnt hatten, eine Flugverbotszone zu etablieren. Alles, was sie nach der Bombardierung von Bagdad im Jahr 2003 anrichteten, trug zur Zerstörung unseres

Traums und Plans bei, im Irak eine gerechte, demokratische und von Freiheit geprägte Ordnung aufzubauen. Als wir in den zerstörten Irak zurückkonnten und den Wiederaufbau des Landes in Angriff nehmen wollten, waren wir aller Sympathien unserer Landsleute beraubt. Das Auftreten der Amerikaner wurde von allen als kulturell ignorant, überheblich und als zerstörerisch beurteilt. Das hatte ich nicht gewollt! Blicke ich auf meine Lebensjahre zurück, gab es in meinen Augen nur eine Phase, die das Attribut «Fortschritt» verdient: jene Jahre unter dem Regime der Parlamentarischen Monarchie. Wir Iraker hatten damals nach Jahrhunderten der Besatzung noch keine Strukturen demokratischen Zusammenlebens, noch keine ausreichende Bildung und Erziehung, die uns befähigt hätten, die vielen religiösen und stammesgeschichtlichen Strömungen von Schiiten und Sunniten, von Arabern und Kurden etc. friedlich und erfolgreich zu kanalisieren und zu integrieren. Wir hätten zum Aufbau und zur Entfaltung eines funktionierenden Rechtssystems einen Schutz benötigt, wie ihn einst die britischen Besatzer in Form eines Königshauses etabliert hatten .Schon lange vor 2003 war ich überzeugt: Was in England und den skandinavischen Ländern seit Jahrhunderten funktioniert, eine repräsentative Monarchie, müsse auch jetzt für mein Heimatland für eine Anfangs- und Übergangsperiode funktionieren. Und so engagierte ich mich auch ab 2003 für eine solche Neukonstituierung. Die von den USA und ihren Verbündeten entwickelten strategischen Pläne zum Aufbau des Landes entsprachen nicht den Bedürfnissen der im Irak lebenden Gesellschaft, der seit Jahrzehnten alle Minderheiten- und Bürgerrechte vorenthalten worden war. Der Irak war und ist ein Land mit verschiedenen religiösen und stammesgeschichtlichen Gruppierungen, deren Machtverhältnisse nicht den Proportionen ihrer tatsächlichen Bevölkerungsanteile und den Menschenrechten entsprachen und entsprechen. Der Irak hätte einen Schutzrahmen gebraucht, um demokratische Tugenden einüben zu können, damit gewaltfreie, freiheitliche Initiativen und Persönlichkeiten aus dem Schatten hätten hervortreten können, um sich in demokratischen Strukturen und Prozessen üben zu können. Doch die Verfassung sah keine solche Schutzperiode, keinen solchen Schutzrahmen vor.

Ich plädierte für eine vier bis fünf Jahre dauernde Übergangszeit von der Diktatur zur Demokratie. Diese Zeit ist erforderlich, um die Menschen an die Formen und Abläufe demokratischer Praxis heranzuführen, sie zu schulen, sie damit vertraut zu machen, auf dass sie Vertrauen entwickeln. Findet dieser mühsame, langsame und langwierige Prozess nicht statt, wird jede Wahl zur Farce. Demokratie ist nicht ad hoc implementierbar. Sie ist ein Entwicklungsprozess, dessen langsame Fort- und Rückschritte Reife bringen. Erst wenn diese vielen tausend Schritte der Reifung gegangen sind, sollte es möglich sein, Parlamentswahlen anzusetzen und Demokratie zu praktizieren. Niemand kann plötzlich aus dem Nichts in die Vollkommenheit springen, wie dies die Amerikaner glaubten. Tatsächlich stiessen die Amerikaner und ihre Verbündeten das Land in eine gesetzlose Situation. Sie verursachten Anarchie, Chaos, Rechtslosigkeit und den schnellen Verfall aller moralischen Mechanismen, die ein Gemeinwesen zusammenhalten sollten.

Was soll aus einem Land werden, in dem haufenweise Plünderungen begangen wurden unter den Augen amerikanischer Soldaten, die nichts dagegen taten, die Diebe und aus den Gefängnissen geflohenen Hochkriminellen freie Hand liessen, die zuschauten, als Banken, Regierungsgebäude unbewohnte Häuser geplündert wurden? Wie soll in einem Land nach Jahrhunderten der Rechtslosigkeit ein Rechtsbewusstsein entstehen können, wenn jene nicht zur Rechenschaft gezogen werden, die am helllichten Tag Stromleitungen, Hochspannungsmasten, Kraftwerksersatzteile, Regierungsautos und Baumaschinen stehlen?

Die Amerikaner und ihre Mitstreiter wollten, dass sich die Iraker selbst ihre Ordnung schaffen und zerschlugen dazu alle Strukturen. Nun herrschte das Chaos und bald einmal die alten Bärte aller Strukturen in neuer Konstellation – also alles wie schon einmal gehabt und gedacht, nun aber ohne Saddam.

Sie übergaben das Land, die Regierungsgeschäfte und die Leitung der Verwaltungsbehörden an unqualifizierte und korrumpierte, islamische und nicht-islamische Parteien und beförderten das Land in eine neue Sackgasse.

Die Folgen sind bekannt: Das Land, seine Infrastruktur, seine politischen, sozialen und wirtschaftlichen Strukturen und Prozesse sind ohne die Ermächtigung demokratischer Kräfte dem Siechtum preisgegeben. Das Leid, die Armut und die Verzweiflung der überwiegenden Mehrheit der Menschen wachsen. Ein gutes, zukunftsweisendes, weil ausbaufähiges Bildungssystem, eine ehrliche und unkomplizierte Justiz, eine gute Gesundheitsversorgung, eine auch nur annähernd ausreichende Verfügbarkeit von Wohnraum, Infrastrukturen und Arbeitsgelegenheiten, eine sich entwickelnde Wirtschaft? Von all dem kann im Irak im Jahre 2019 – sechzehn Jahre nach dem Sturz Saddam Husseins – nicht die Rede sein. Ein Lichtblick kurz vor Redaktionsschluss: in Bagdad wünscht man sich von mir einen Vorschlag, wie man eineinhalb Jahrzehnte später erneut an meine damalige Arbeit der Terroristen-Verfolgung anschliessen könnte.

Die politischen, strukturellen, demokratischen und rechtsstaatlichen Versäumnisse sind das Eine. Wahrscheinlich am schlimmsten ist jedoch, dass sich die «Koalition der Willigen» nicht darum kümmerte, gemeinsam mit fähigen Kräften das seit Jahrzehnten unter Saddam Hussein **etablierte System der Gewalt zu brechen.**

Als Deutschland 1945 in Trümmern und am Boden lag, wurden viele der Hauptverantwortlichen in den Nürnberger Prozessen und anderen Verfahren vor Gericht gestellt. Die wichtigsten der verbrecherischen Strukturen, Befehlsstränge, Organisationen wurden zerschlagen und ihrer Machtmittel und Machtmöglichkeiten so gut es ging beraubt. Jedes NSDAP-

Mitglied hatte sich, so man ihm habhaft wurde, vor einer sogenannten Spruchkammer zu verantworten und wurde entsprechend seiner Taten eingestuft, verurteilt und bestraft.

Im Irak des Jahres 2003 geschah nichts dergleichen. Man begnügte sich damit, Saddam Hussein und einige seiner engsten Mitstreiter zur Strecke gebracht zu haben. Jene tausend und abertausend Peiniger aber, die in den dunklen Kellern der Sicherheitsdienste, der Geheimdienste, der Parteikader, der Polizeibehörden etc. schlimmste Vergehen begangen, Folterungen veranlasst und durchgeführt hatten, die Vergewaltigungen befohlen hatten zum Zwecke der Informationsbeschaffung und die schliesslich für das Verschwinden und die Ermordung ungezählter Iraker als Planer oder Ausführer verantwortlich waren, blieben unbehelligt.

Das war also die Konsequenz meines Kampfes gegen die Saddamisten und islamischen Terroristen während meines Exils zur Gründung einer Exil-Schattenregierung in London, meiner Jahre als Generalsekretär der Irakisch nationalen Koalition und nachher der Irakisch demokratischen Koalition sowie als Mitglied einer anderen, streng geheimen Organisation.

Genauso erging es mir, als ich und mehrere meiner Exilkollegen 2003 von den Koalitionsmächten ins Land zurückberufen wurden, die irakischen Ministerien, Verwaltungen und lokalen Körperschaften zu reorganisieren. Der wahre oberste Leiter und Befehlshaber war jedoch der amerikanische von Präsident

George W. Bush eingesetzte Paul Bremer. Mitglieder unserer mehrheitlich aus dem Exil herbeigerufenen Koalition bildeten den Irakischen Rat für Neuentwicklung und Wiederaufbau (IRDC), der den Auftrag hatte, alle Ministerien zu reorganisieren – einschliesslich der Ministerien für Verteidigung, des Innenministeriums und des Aussenministeriums. Ich selbst engagierte mich vor allem – neben der Reorganisation der Ministerien für Verteidigung, des Inneren und des Äusseren – in der Bekämpfung der Terroristen. Meine drei Kinder, die in Bagdad zur Welt gekommen waren, aber mit mir vor Saddams Geheimpolizei im letzten Moment flüchten konnten und in der Schweiz, in Jordanien und in England aufgewachsen waren, unterstützten mich in meinem Kampf moralisch. Meine Tochter Rashaa war im Irak Mitglied eines ebenfalls den Koalitionskräften unterstellten australischen Ausbildungs- und Trainingsunternehmens, das Polizei- und Sicherheitskräfte schulen sollte.

Doch es sollte sich bald herausstellen, dass die einzigen funktionierenden Strukturen jene der menschenverachtenden und selbstmörderischen Al-Qaida waren und jene des nicht minder barbarischen IS («Islamischer Staat»).

Sie speisten sich aus den von Bremer völlig unüberlegt aufgelösten Republikanischen Garden, aus der Armee, den Geheimdiensten und aus dem militärtechnischen Komplex.

Einige ihrer Rädelsführer, aber auch untergeordnete Kräfte boten sich nun dem IS an, diesem bei der Beschaffung und Herstellung von Waffen und

Munition aller Art – seien es todbringende Chemie-oder Biowaffen – behilflich zu sein. Ausserdem wollten sie als ausgebildete Militäroffiziere innerhalb der IS-Truppen selbst in den Kampf gegen die Besatzer und Koalitionäre und gegen die frischen irakischen Regierungstruppen ziehen.

Es dauerte nicht lange, da begannen sie auch schon, irakische Zivilpersonen zu ermorden, indem sie bis zum Rand mit Explosivstoffen gefüllte Autos als Bomben an stark frequentierten Orten zur Explosion brachten. Sie zerstörten auf vielfältige Weise den Rest der noch funktionierenden Infrastruktur und attackierten zivile und militärische Ziele – das heisst, völlig unschuldige Menschen – mit chemischen Waffen. Zigtausende Irakerinnen und Iraker wurden auf diese Weise von der Al-Qaida, dem IS und den ehemaligen Saddam-Offizieren umgebracht.

In völligem Kontrast zu diesem Horror stand: Am 30. Juni 2004 erhielt ich als einziger Iraker im Auftrag des US-Präsidenten George W. Bush und seiner Koalitionspartner eine Tapferkeitsauszeichnung. Der damalige Leiter der Koalitionskräfte, der Amerikaner L. Paul Bremer III., überreichte sie mir mit einer von Bush unterzeichneten Photographie, die ihn und seine Gattin Laura zeigte.

Eine nette Geste. Doch sie war nichts wert, weil man mir und dem gesamten irakischen Volk die ganze Zeit das Wichtigste vorenthalten hatte: die erforderliche Unterstützung durch militärische und polizeiliche Kräfte, die es gebraucht hätte, um zu verhindern, dass die alten Schergen wieder regierten, diesmal halt als Mitglieder und Führungskräfte der Al-Qaida oder des IS.

Fortan trieben diese sich in den Strassen der Grossstädte und in den Gassen der Dörfer herum. Sie organisierten ihre Schreckensherrschaft neu, entweder in mehr oder minder geordneten Ex-Saddam-Zirkeln oder als eine der vielen terroristischen Banden, die je länger, je härter das Land in ihren Besitz nahmen.

Einschüchterung, Freiheitsberaubung, Folter, Vergewaltigung und Mord – die altbekannten   Augen der vermeintlichen Befreier aus dem Westen eine Renaissance. Gegen diese sich Bahn brechende Gewalt hätte mit aller Entschiedenheit vorgegangen werden müssen. Doch das geschah nicht. Und so konnte entstehen, was die Welt heute unter dem Kürzel «IS-Terror» kennt und fürchtet. Die alten Saddam-Getreuen übernahmen vielfach aufgrund ihrer einst erworbenen Ingenieurqualifikationen die IS-Mordkommandos oder mutierten gar selbst zu islamischen Terroristen. Nicht nur der Irak ist diesen Kräften machtlos ausgeliefert.

Die Entwicklung läuft vielmehr in die Gegenrichtung: Jene korrupten Parteien, die jetzt den Irak regieren, verkaufen Arbeitsplätze und Aufträge an diejenigen, die am meisten dafür zahlen, egal ob es sich um einen einfachen Regierungsangestellten, einen Minister oder ein Unternehmen handelt. In jedem Ministerium gibt es einen sogenannten «Wirtschaftsausschuss» der regierenden Koalitionsparteien, und diese Ausschüsse sind das Werkzeug, um die Budgets der Ministerien für Entwicklung und Bau zu stehlen.

Abertausende wichtiger Infrastruktur-Bauprojekte blieben nach deren Freigabe unvollendet, weil die dafür bereitgestellten Mittel in andere Kanäle flossen. «In andere Kanäle» heisst: in die Taschen der Machthaber. So kann aus dem Irak, seinem Staat und aus seinem Volk nichts werden.

Ich bedauere, aber ich konnte diese Politik nicht weiter mittragen. Hätte ich weitergemacht, so hätte ich das Regime begünstigt und gefördert, das heute im Irak das Sagen hat. Mir blieb nur der Rückzug. Seit 2005 betätige ich mich als Oppositionspolitiker im Exil, als Autor einer Website und als Verfasser und Kommentator von Artikeln zu brennenden Themen auf politischen Plattformen in den Sozialen Medien sowie über zahlreiche persönliche Kontakte mit politischem Bezug.

Ich habe bis jetzt kaum über unsere Geschichte gesprochen und will das im nächsten Kapitel tun. Nicht nur vielen Menschen und die Natur litten und leiden unsäglich in diesen Zeiten, sondern ebenfalls die bis zu fünftausendjährigen Kulturstätten und geplünderten Museen im Irak und auch in Syrien durch die Feinde jeglicher anderen Kultur als jener, die sich IS nennt und überall in der Welt die Bürger mit terroristischen Aktivitäten einschüchtert und sich an die Macht zu bomben versucht. Doch ich will vor dem Rückblick auf unser gemeinsames und zum Teil zerstörtes kulturelles Erbe noch ein paar Worte an alle Beteiligten richten. Für eine Besinnung und Umkehr ist es nie zu spät.

Desiderata

Ich trauere um alle Verwandten, Freunde und
unschuldigen Menschen, die im Irak und auf
der ganzen Welt unter Ungerechtigkeit und
Verletzungen der Menschenrechte litten und
immer noch leiden.

Ich trauere auch um meine Gegner, die verletzt wurden,
verstarben oder noch immer aggressiv und
verblendet agieren. Hat es sich gelohnt? Ist es legitim, unschuldige Menschen zu foltern und zu ermorden?

Imam Ali sagte: Die Menschen sind von
zweierlei Art: Entweder sind sie deine Brüder
im Glauben oder dir gleich als Mensch der
Schöpfung in ihrer Menschlichkeit. Lasst uns
beides in Einem in Toleranz leben.
Gott ist der Richter, und die Menschenrechte
sind das Mass, nicht die Terroristen oder Diktatoren
und ihre Willkür.

Ich bitte die Agenten und Terroristen der
Diktatoren, darüber nachzudenken, anstatt
weiterhin zu den Waffen zu greifen.
Wer Gewalt einsetzt, verletzt die Rechte der Menschen
und bringt sich, seine Kinder und Enkelkinder um das
Glück der Entwicklung zu einem besseren und
gerechteren Leben.

Als der Holländer Ioan Blaeu 1665 seinen grossen Weltatlas schuf, war der Irak noch weitere 250 Jahre vom Osmanischen Reich besetzt. Als es 1917 seine Macht verlor, hinterliess es ein Land, in dem nur jeder Zwanzigste eine Schule besucht hatte. Mir ging es unter der von England angestrebten parlamentarischen Monarchie schon etwas besser.

Der Irak ist das alte Mesopotamien

Mesopotamien unter der Herrschaft Alexanders des Grossen, der 323 v. Chr.in Babylon stirbt. Seleukeia = Bagdad.

Der Irak ist der auf dem ältesten Gebiet menschlicher Zivilisation gebildete Staat. Er durchläuft in diesen Jahren eine der schrecklichsten Zeiten seiner wechselhaften Geschichte. Dieses Gebiet heisst Mesopotamien, liegt in Vorderasien und erstreckt sich beidseits entlang und zwischen den beiden mächtigen von Norden nach Südosten in das Arabische Meer mündenden Flüssen Euphrat und Tigris bis hinunter nach Katar. Zum Grossraum des alten Mesopotamiens zählen im Westen Zypern, Syrien und Jordanien bis hinunter zum Golf von Akaba, dem Roten Meer und der Wüste Sinai einschliesslich dem östlichen Teil Saudi-Arabiens und einschliesslich Kuwait. Im Osten verlief die frühere Grenze entlang des Iran, dessen westlicher Teil damals auch noch zum alten Mesopotamien zählt.

*König Sargon I., den diese Büste wohl um 2250 v. Chr. zeigt,
gründete von Ninive aus das Reich Akkad, das als erstes Welt-
reich in der Menschheitsgeschichte gilt*

Die Geschichte der Zivilisation begann hier etwa 6500 vor unserer Zeitrechnung mit der Obed-Kultur. Die Städte Arido, Ur, Uruk und Kisch waren die ersten bekannten Städte der Welt.

Hier wurde die Keilschrift erfunden, hier begannen findige Köpfe mit der schriftlichen Dokumentation des hier erstmals geschaffenen Zivilrechts, der Frauenrechte und der Religionen. Sie gründeten Schulen, schufen ein tragfähiges Erziehungswesen, bauten Bewässerungssysteme, züchteten Getreidearten, stellten Bier und andere alkoholische Getränke her. Auch gab es Polizei und Armee, ein Rechtswesen …, legendär waren freilich auch die Tempel dieses Reiches. Das erste Parlament der Menschheit versammelte sich in Mesopotamien. Ebenso gilt die Geschichte von Gilgamesch und Enkidu als erste Dichtung.

Ausschnitt des Ischtartores aus Babylon, der Göttin der Liebe und des Krieges geweiht (Pergamon-Museum, Berlin).

Hammurapi-Stele aus dem 18. Jahrhundert v.Chr. aus Mesopotamien und ein Ausschnitt. Es handelt sich um eines der ältesten Objekte mit Gesetzestexten zur Regelung des friedlichen Zusammenlebens; ins Gegenteil verkehrt und missbraucht von Saddam Hussein; sträflich missachtet 2003 von den US- und Koalitionstruppen; überlistet von IS-Terroristen, deren Saat nun aufgeht (Photographs Courtesy Louvre, Paris).

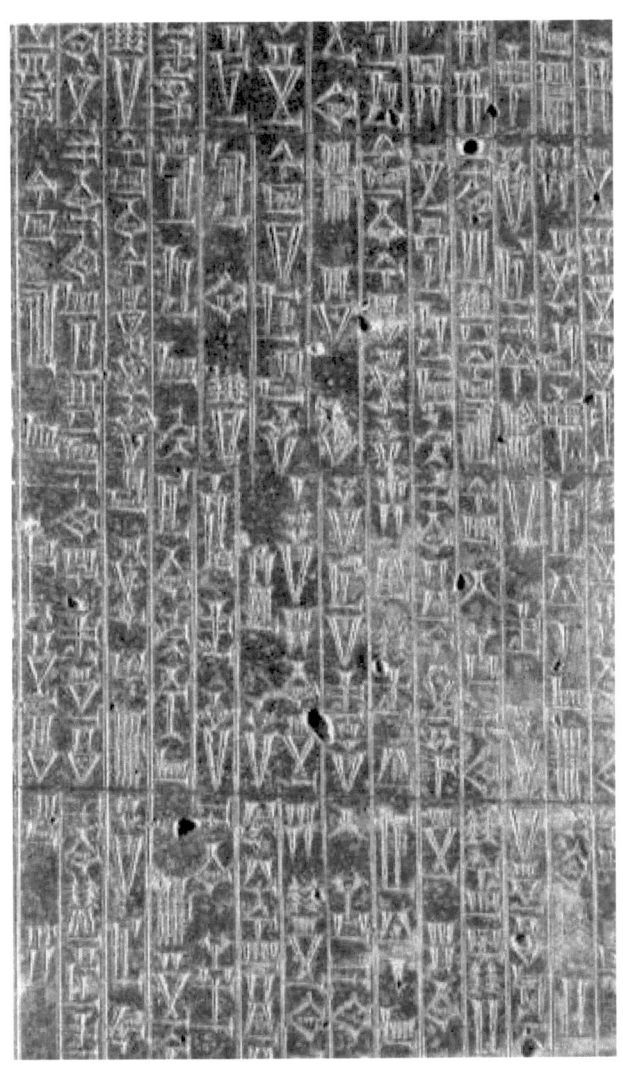

Gilgamesch prägte die Sumerische Dynastie von Uruk 2700 v. Chr. Das Epos von Gilgamesch, die erste jemals aufgeschriebene Geschichte, ist auf über 40'000 Tontafeln in Keilschrift geprägt.

Diese Region, die uns bis heute als Mesopotamien bekannt ist, wird seit jeher allgemein als «Geburtsort der Zivilisation» betrachtet.

Das Gilgamesch-Epos ist historisch bedeutend und vermittelt einen beachtlichen Aufschluss über die frühen Kämpfe der sumerischen Stadtstaaten. Auch wird über die erste politische Versammlung berichtet, über ein Zweikammerparlament, das sich angeblich vor 5000 Jahren zusammengefunden hatte. (*Hans J. Nissen / Peter Heine: «Von Mesopotamien zum Irak»*)

Der Codex von Hammurapi stellt das erste hochentwickelte Zivilrecht dar. Es umfasst 282 Paragraphen und wurde in Babylon ungefähr 1754 vor unserer Zeitrechnung verfasst, also vor insgesamt 3770 Jahren während der Herrschaft Königs Hammurapi. Zum ersten Mal in der Geschichte der Menschheit gab dieser für unsere Verhältnisse noch recht brutal strafende Gesetzes-Codex den Frauen Rechte und hielt ihre Verpflichtungen gegenüber ihren Männern und Kindern fest.

Noch ist nicht alles erforscht, sondern harrt seiner Entdeckung. Das erlebten Forscher der Universität von New South Wales in Sydney bei der Analyse einer Tafel, die in den frühen 1900er Jahren im heutigen südlichen Irak entdeckt worden war. Sie fanden heraus, dass bereits die babylonischen Mathematiker die Grundlagen der Trigonometrie entdeckt hatten. Die britische Zeitung «Daily Mail Online» veröffentlichte am 24. August 2017 einen Bericht, der festhielt: «Ein mathematisches Geheimnis, das während fast vier Jahrtausenden auf einer Tontafel verborgen war, wurde gelöst, wie australische Forscher berichteten. Die Experten glauben, dass sie den Code einer 3700 Jahre alten babylonischen Tontafel, die als ‹Plimton 322› bekannt ist, geknackt haben. Sie sagen, dass dies beweise, dass die alte mesopotamische Kultur den Griechen in der Trigonometrie, dem Studium der Dreiecke, um über tausend Jahre voraus waren. Sie erstellten die ältesten und genauesten trigonometrischen Tabellen, die wahrscheinlich dazu benutzt wurden, den Bau von Palästen, Tempeln und Kanälen zu berechnen. Sie sollen von der alten sumerischen Stadt Larsa gekommen sein und werden zwischen 1822 und 1762 v. Chr. datiert.»[1]

Mesopotamien war seinerzeit das fortschrittlichste

---

[1] *http://www.dailymail.co.uk/sciencetech/article-4820018/Baby-lonians-beat-Greeks-trigonometry-1-000-years.ht*

und das am besten organisierte Land der Welt. Es verfügte über Gesetze, Steuern und über eine gut organisierte Armee. Es gab Tempel für die Religionsausübung, nationale Feiertage, Feste und es gab viele Arten alkoholischer Getränke. Doch 539 v. Chr. endeten die glücklichen Tage Mesopotamiens, als der Angriff der Perser auf Babylon erfolgte, als Kyros, der grosse persische Eroberer der Achämeniden, die Stadt besetzte und das Erbe der babylonischen Könige antrat.

Knapp 200 Jahre später – am 25. Oktober 331 v. Chr. – wurde Babylon von Alexander dem Grossen erobert. Alexander wollte den persischen König Darius gefangen nehmen lassen. Dieser aber lag schon bei der Ankunft Alexanders im Sterben, war er doch von seinem Cousin Bossus auf der Flucht erstochen worden.

Von Babylon aus erweiterte der mazedonisch-ptolemäische Eroberer Alexander der Grosse (356-322 v.u.Z.) die von seinen Griechen besetzten Gebiete im Osten. Als er den Pandschab erreicht hatte, nahm er aufgrund des damaligen griechischen Weltbildes an, dass er damit am Ende der Welt angekommen sei, denn der Pandschab war bis zur 1947 erfolgten Abtrennung von Indien und Gründung eines eigenen, Pakistan genannten Staates ein Teil Indiens. Hier sah er sich mit starken indischen Armeen konfrontiert und wurde in einer Schlacht an der Schulter und am Bein verletzt.

Alexander kehrte nach Babylon zurück, um den Rest seines Lebens in seiner Lieblingsstadt zu verbringen, die für ihre Wunder der Hängenden Gärten berühmt war. Er starb in dieser schönen Stadt am 10. Juni 323 v. Chr.

Nach Alexanders Tod wurde Mesopotamien weiterhin von den Griechen beherrscht, ab 148 v. Chr. von den iranischen Parthern, dann von 116 bis 118 n. Chr. und wieder 198 bis 363 n. Chr. von den Römern. Danach wurden im Süden Irak folgende arabische Staaten gegründet:

1. Das Königreich Manathira, vom Ende des ersten Jahrhunderts v. Chr. bis zum siebten Jahrhundert n. Chr.: Das Christentum fasste am Ende des ersten Jahrhunderts zum ersten Mal in dieser Gegend Mesopotamiens Fuss. Die Christen bauten in Al-Hirah, der Hauptstadt des Königreiches und des Umlandes, etliche Kirchen. Auch wurde in dieser Zeit höchstwahrscheinlich die erste Batterie erfunden, und zwar in der Nähe der heutigen Hauptstadt Bagdad, die damals Seleukeia hiess.

Hier eine Zusammenfassung des BBC-Berichtes: «Es ist sicher, dass die Bagdad-Batterien elektrischen Strom erzeugen konnten. Das beweisen viele Nachbildungen, die von Studenten der Alten Geschichte unter der Leitung von Dr. Marjorie Senechal, Professorin der Geschichte und Technologie des Smith Institutes, USA, gemacht wurden. ‹Ich glaube nicht, dass irgendjemand sicher sagen kann, wofür sie benutzt wurden, aber es waren Batterien, die funktionierten›, sagte sie. ‹Nachbildungen können eine Spannung von 0,8 bis fast 2 Volt erzeugen. Um einen elektrischen Strom zu erzeugen, braucht es zwei Metalle mit verschiedenen elektrischen Potentialen und dazwischen einen

Elektrolyten, eine Flüssigkeit, die Ionen enthält, die Ladungen zwischen ihnen transportieren kann. In Serie geschaltet, kann eine Reihe von Batterien eine viel höhere elektrische Spannung erzeugen. Es wurden aber keine Drähte gefunden, die beweisen könnten, dass dies der Fall gewesen wäre. ›»

2. Das arabische Königreich Charakene im zweiten Jahrhundert v. Chr.: Die Hauptstadt des Reichs – Charax – lag nahe Basra im Süden des heutigen Irak. Diese Staaten hatten Verträge oder Bündnisse mit den Persern und den Römern. Das Bündnis zwischen dem persischen Grossreich und dem Königreich Manathira ging zu Ende, als der persische König Chosrau II. Al-NuAman bin Al-Munthir tötete, während er als Gast bei ihm weilte.

Dieser Verrat entzündete zwischen dem Partherreich und den Arabern in Al-Manathira einen Krieg, der zum Sieg der Araber in Dhi Qar 610 n. Chr. führte.

3. Hatra: Hauptstadt von Hatra war Araba, 290 km nordwestlich von Bagdad. Sie gedieh im ersten und zweiten Jahrhundert n. Chr., wurde aber 241 n. Chr. nach mehreren Kriegen gegen die Römer von diesen zerstört. - Im 7. und 8. Jahrhundert kamen Anhänger der neuen Religion, des Islam, in den Nahen Osten, nach Nordafrika und bis Portugal und Andalusien in Spanien mit Cordoba, Sevilla, Granada etc. Die Gegend des modernen Irak wurde ebenfalls von der grossen Islamisierungswelle heimgesucht. Nach dem ersten Sieg eroberten die Moslems ohne nennenswerte Schwierigkeiten in Europa auch noch den

Hatra

grössten Teil Spaniens und Portugals. Um 720 n. Chr.
war Spanien zum grössten Teil unter moslemischer
Herrschaft, die auch «maurische Herrschaft» genannt
wurde. Al-Kufa: Der vierte Kalif Ali Bin Abi Talib ent-
warf ab 657 n. Chr. Al-Kufa. Sie liegt etwa 170 Kilometer südlich von Bagdad und galt als Hauptstadt
der islamischen Welt. Einer der einflussreichsten islamischen Machtbereiche war das Umayyaden-Kalifat

in der syrischen Stadt Damaskus. Es besetzte die arabische Halbinsel, Irak, Iran und andere Länder im Nahen Osten und herrschte von 657 bis 749 n. Chr.

Von 750 bis zum 10. Februar 1258 n. Chr. wurde der Irak wieder zur wichtigsten Macht der Welt, als das abbasidische Kalifat ein neues Reich errichtete, das den grössten Teil des Nahen Ostens, Nordafrikas und die Länder östlich des Irak bis zu Teilen Indiens und des heutigen Pakistans umfasste.

Die Mongolen sagten sich von den Abbasiden los und beherrschten den Irak vom 10. Februar 1258 bis 1336.

Die Turkmenen regierten den Irak unter verschiedenen von 1508 bis 1514 und von 1623 bis 1638. Die Turkmenen regierten den Irak unter verschiedenen staatlichen Einheiten von 1336 bis 1508.

Die Osmanen (Türken) beherrschten den Irak von 1514 bis 1523 und von 1538 bis 1918, das heisst bis zum Ende des Ersten Weltkrieges, als das Vereinigte Königreich nach der Niederlage der Osmanen und Russlands den ganzen Irak besetzte. Die Iraker nennen die Besetzung durch die Osmanen «das dunkle Zeitalter». Die Osmanen beherrschten das Volk mit Schwertern und Steuern. Kultur und Wissenschaften jedoch wurden vernachlässigt. Damit wurde das irakische Kulturerbe der »Wiege der Zivilisation» zerstört. Das neue Königreich Irak wurde 1921 von den Besatzungstruppen des Britischen Empire mit König Faisal, als erstem Monarchen, errichtet. 1932 erhielt der Irak seine Unabhängigkeit.

Der Militärputsch vom 14. Juli 1958

Ich beende damit die Geschichte und wende mich wieder der Zeitgeschichte zu, die noch immer unser Handeln beeinflusst. Am 14. Juli 1958, einem Montag, schreckten die Bürger Bagdads brüsk aus dem Schlaf. Der Lärm von im Dauerfeuer stehenden Artilleriekanonen und Maschinengewehren, die Einschläge von Granaten und das Rattern von Maschinengewehren versetzten viele Menschen in Angst und Schrecken.

Dieser Lärm war im gesamten Grossraum Bagdad zu hören. Er kam aus nordwestlicher Richtung des Gebietes Karradah-Alsharqiyeh. Schon kurz vor sechs Uhr frühmorgens hörten wir ihn. Mein älterer Bruder Ali und ich waren in seinem Supermarkt in Karradeh Kharji damit beschäftigt, Dutzende von Kunden zu bedienen. Sie kauften die Zutaten für ihr Frühstück und kamen aus der Nachbarschaft unseres im Stadtteil Karradeh Al-Sharkiyeh gelegenen Ladens. Wir hatten alles, was man für einen guten Tag brauchte: Brot, extra dicke Büffelsahne, Eier, lokalen Käse, importierten Käse, wie Kraft-Käse aus der Dose, Nestlé-Sahne, Milch und Corned Beef in Dosen, Zucker und offenen Tee. Es gab aber auch Reis, Softdrinks, Schokolade, wie beispielsweise Milky Way, Mars, Kit-Kat, in- und ausländische Zigaretten, englische und arabische Magazine, Kinderzeitschriften …

Niemand kannte zunächst den Grund der offensichtlich bewaffneten Auseinandersetzungen in diesen frühen Morgenstunden, war es doch zuvor in der Stadt friedlich zugegangen. Natürlich sprachen die

Kunden darüber, sie fragten sich, was passiert sein mochte. Bald einmal begannen einige der Kunden über einen Militärputsch zu reden. Sie erzählten, dass die irakische Armee den Qasr Al-Rihab (Al-Rihab-Palast), den Sitz des jungen irakischen Königs und seiner Familie, angreife. Einige wurden sehr traurig darüber. Sie sorgten sich um das Leben ihres geliebten Königs. Andere wiederum waren glücklich und hofften, vom Umsturz zu profitieren.

Der 14. Juli 1958 war ein schwarzer Tag für den Irak und seine Bürger. Das Blutvergiessen und die Massaker begannen. Und sie dauern noch immer an.

Um sieben Uhr morgens verlas ein Sprecher über Radio Irak das Communiqué Nr. 1 des Revolutionären Kommandantenrates (RCC): Die Monarchie war

gestürzt, und der RCC hatte die Macht über die soeben neu gegründete Republik Irak übernommen.

Anhänger und Gegner der Monarchie unter den Kunden gerieten sich in die Haare.

Seine Majestät König Faisal II.

Als 14 Jahre alter Teenager war ich angesichts dieser Aggression ratlos. Nicht so mein Bruder Ali. Er war von der Propaganda der Irakischen Kommunistischen Partei (ICP) gegen die Monarchie beeinflusst worden. Ohne selbst eine Meinung zu haben, schlug ich mich auf die Seite meines Bruders, der später seine Ansichten zur ICP korrigierte.

Der Sprecher des RCC im irakischen Radio war Oberst Abdul-Selam Muhammed Arif. Er war stellvertretender Vorsitzender des Revolutionären Kommandorates (RCC) und wohl einer der unfähigsten Offiziere und Politiker der neuen Geschichte des Irak. Bald folgten weitere Communiqués. Die unwissenden Massen, die armen Leute von Bagdad, die hauptsächlich aus den südlichen Provinzen stammten, feierten. Sie ahnten nichts von den Katastrophen und dem Elend, das ihnen und ihren Kindern drohte. Und schliesslich wurde ein weiteres Communiqué verlesen. In diesem wurde erklärt, dass König Feisal II. und sein Onkel, Kronprinz Abdul-Ilah, zusammen mit den weiblichen Verwandten ermordet worden waren, obwohl der König seinen Truppen verboten hatte, Widerstand gegen die Aufständischen zu leisten. Im Gegenteil: Als Zeichen der Kapitulation vor den angreifenden Militäreinheiten hatte er einen Koran und eine weisse Flagge auf sich getragen.

Die Ermordung König Faisals II. und der königlichen Familie schmerzte und besorgte alle zivilisierten Iraker. Sie liebten ihren jungen König, der niemandem etwas Böses getan hatte. Zumal nicht der König die politischen Entscheide getroffen hatte, sondern sein Onkel, Kronprinz Abdul-Ilah. Der Schmerz über den Verlust des Königs und seiner Familie sass tief, auch weil sich das irakische Volk auf die königliche Hochzeit von König Faisal II. und Prinzessin Fadhila gefreut hatte. Sie war die Tochter von Prinz Muhammed Ali, eine Enkelin von Mohammed Ali Pascha von Ägypten. Ihre Mutter war eine Enkelin von Sultan Abdul Hamid des Osmanischen Reiches. Ihre Verlobung war am 16. September 1957 verkündet worden. So war es kein Wunder, dass die Iraker die Hochzeit sehnlichst erwarteten.

Freilich, es darf nicht verschwiegen werden: Einer der Anlässe für den nun erfolgten Militärputsch war die Hinrichtung jener vier Obersten nach dem Putschversuch im Mai 1941 und das Ausstellen der Leiche von Oberst Al-Sabbagh am Tor des irakischen Verteidigungsministeriums. Dies war einer der grössten Fehler der Regierung der Monarchie. Doch konnte man sie König Faisal anlasten, der seinerzeit erst fünf Jahre alt gewesen war?

König Faisal II. wurde 1939 König, als König Ghazi I. am 4. April desselben Jahres bei einem Autounfall ums Leben kam. Da Faisal noch minderjährig war, herrschte sein Onkel und Vormund Abdullah über den Irak bis zur Volljährigkeit Faisals. Der junge König war somit nicht verantwortlich zu machen für das Handeln der Regierung.

Trotzdem gingen zehntausende von ungebildeten Leuten auf die Strassen von Bagdad, als sie vom Militärputsch gehört hatten. Einige feierten, tanzten und sangen. Sie waren sich nicht bewusst, dass ihre

Zukunft düster werden würde und soeben die Hoffnung auf den Aufbau eines hochentwickelten Landes im Nahen Osten zerstört worden war. Andere schauten zu und wussten nicht, was sie davon halten sollten. Bald einmal war zu erfahren, dass Kronprinz Abdul-Ilah, der Onkel des jungen König Faisal, ebenfalls festgenommen worden sei. Andere schauten zu und wussten nicht, was sie davon halten sollten. Bald einmal war zu erfahren, dass Kronprinz Abdul-Ilah, der Onkel des jungen König Faisal, ebenfalls mit dem König ermordet worden war. Eine von der kommunistischen Partei aufgehetzte Gruppe entführte seine Leiche aus dem Al-Rihab Palast.

Sie fesselten und schleiften ihn durch die Strassen von Bagdad, durch den Tigris zur Rashiedstrasse und von dort in den Maydan-Bezirk bis zum Eingang des Verteidigungsministeriums. Dort hängten sie den zerschundenen, nackten Leichnam des Kronprinzen an das Tor. Seine Genitalien und andere Körperteile wurden abgeschnitten. Kein Zweifel: Dieser grausame und brutale Racheakt sollte die Hinrichtungen der vier Obersten der irakischen Armee sühnen, deren Anführer, Oberst Al-Sabbagh, am 16. Oktober 1946 ebenfalls am Tor des Verteidigungsministeriums aufgehängt worden war.

Und dennoch war die Erschiessung der königlichen Familie nicht rechtens. Die vier erwähnten Obersten, die 1941 versucht hatten, die Monarchie zu stürzen, hatten aber immerhin einen rechtmässigen Prozess bekommen. Der König, der Kronprinz und ihre weiblichen Familienmitglieder hingegen hatten weder Prozess und auch keine Verteidigung erhalten. Sie waren in der ersten Stunde des Militärputsches vom 14. Juli ohne jede Anklage und ohne jede Anhörung zu Unrecht getötet worden.

So sollte es auch Nuri Al-Said ergehen: Er war mehrmaliger Innenminister, Verteidigungsminister, Aussenminister und Premierminister und diente der Monarchie von ihrem Anfang bis zu ihrem Ende – also bis zu jenem schwarzen Tag.

Nuri Al-Said wohnte im Bezirk Sharkiyeh in einem Haus am Ufer des Tigris. Als er die Gefahr kommen sah, entschloss er sich zur Flucht. Bis zu jenem schwarzen Tag war er stets alleine durch den Bezirk Sharkiyeh gelaufen, etwa um Freunde zu besuchen oder einen Spaziergang zu machen. Nie hatte einen Leibwächter gebraucht. Seine Pistole reichte ihm.

Jetzt aber, nach dem erfolgten Putsch, wollte er das Risiko, entdeckt zu werden, nicht eingehen. Auch das Auto zu nehmen, schien ihm nicht ratsam. Der Bezirk Sharkiyeh war dicht bewohnt, die Infrastruktur war schlecht, planlos waren Schilf- und Zuckerrohrhütten entstanden. Ihre meist bettelarmen Bewohner waren vom Lande aus dem Süden des Irak hierhergezogen; die überwiegende Mehrheit war Analphabeten, vom Wind hierhergetragen, und ob ihrer Reaktionen hinsichtlich des stattgefundenen Militärputsches unberechenbar. Also, dachte Nuri, es könnte gefährlich sein, wenn sie ihn in seinem wohlbekannten Auto durch die Gegend fahren sähen. Nur Gott weiss, ob er mit dieser Einschätzung richtig lag. Kurzerhand überredete er einen Kanubesitzer, ihn ans andere Ufer des

Tigris zu bringen. Von dort aus machte er sich zu Fuss auf den Weg und fand bald Unterschlupf im Haus seines Freundes, einem Herrn Esterabadi. Der wohnte in Karradeh Al-Sharkiyeh Bezirk Bettaween.

Spätestens als der Mob aus ungebildeten und armen Zugewanderten erfuhr, dass Nuri al-Said auf freiem Fuss war und die Kommandanten des Militärputsches 10'000 Irakische Dinar (ca. 32'000 US-Dollar) Belohnung für jeden ausgesetzt hatten, der Informationen über den Aufenthaltsort von Nuri Al-Said liefern konnte, war sein Leben in höchster Gefahr. Denn nun war die Meute ausser Kontrolle. Als Nuri nicht gefunden werden konnte, dachten manche Bürger, es gäbe auch eine Belohnung für das Abschlachten anderer hochrangiger Mitglieder dieser Regierung.

Nuri Al-Said war einstweilen sicher im Haus seines Freundes angelangt. In den Tagen zuvor wäre ein Besuch Al-Saids für den Gastgeber eine Ehre gewesen. Jetzt aber, am Tage des Militärputsches, war es äusserst gefährlich, Nuri Pascha Unterschlupf zu bieten («Pascha», ein türkischer Titel, war der Übername Nuris bei Angehörigen der Armee und der Polizei). Wer ein Mitglied der vormaligen Regierung aufnahm, riskierte sein Leben. Trotzdem hiessen ihn der Freund und seine Familie herzlich willkommen und zeigten ihm nicht ihre Angst. Aber in ihren Herzen und Gedanken war nicht das Gleiche zu lesen wie in ihrem Gesicht. In solchen Zeiten zeigte sich, wer die wahren Freunde waren.

Esterabadi war sehr traurig über die grausame Erschiessung des geliebten Königs, des Kronprinzen und der weiblichen Verwandten. Er sass mit seiner Familie neben dem Gästezimmer, in dem sich Nuri aufhielt. Deshalb konnte Nuri mithören als Esterabadi flüsterte: «Was wird mit uns geschehen, wenn die Militärjunta und die wild gewordenen Massen erfahren, dass Pascha in unserem Haus Unterschlupf fand?» Nur Gott weiss, ob Esterabadi absichtlich so laut gesprochen hatte, dass Nuri mithören konnte …

Nuri jedenfalls beschloss, am Tag darauf das Haus Esterabadis zu verlassen. Ich vermute, dass er Bagdad verlassen wollte, um zu einem anderen Freund zu gelangen. Von dort wäre es ihm möglich gewesen nach Jordanien zu fliehen. Das irakische Königreich war seinerzeit mit dem haschemitischen Königreich von Jordanien durch Verträge verbunden, was auch im Namen «Bund der Haschemitisch Königreiche» zum Ausdruck kam. Die anderen Alternativen für Nuri waren die Flucht in den Iran oder in die Türkei. Der Irak war neben der Türkei und Pakistan Mitglied des Bagdad-Paktes.

Während also Nuri Al-Said seine weitere Flucht vorbereitete, zogen die Menschenmengen durch die Strassen Bagdads. Die einen feierten das Ende der Monarchie, die anderen waren voller Trauer. In allen Bezirken Bagdads wurden Autos durchsucht. Noch immer waren einige Regierungsmitglieder flüchtig.

Als Nuri das Haus seines Freundes verlies, steckte er unter einer Abaya, einem schwarzen Frauenkleid, das vom Scheitel bis zu den Füssen reichte. Begleitet wurde er von einer Dienerin, die im Haus seines Freundes arbeitete und die ebenfalls mit einer Abaya bekleidet war. Die zwei Flüchtigen hatten noch keinen halben Kilometer zurückgelegt, als sie von einer Gruppe von Fanatikern gestoppt wurden. Diese hatten die unter der Abaya Nuris hervorschauenden Schlafanzughosenbeine bemerkt. Wie elektrisiert, vermuteten sie, den von der Militärjunta gesuchten Mann vor sich zu haben. Sie rissen ihm die Abaya vom Kopf. Für Nuri begann ein Alptraum, aus dem es kein Entrinnen gab.

Vom Mob umzingelt, musste Nuri die wichtigste Entscheidung seines Lebens treffen. Er hätte in dieser misslichen Lage einen Schuss abgeben können. Meiner Ansicht nach wäre dies das einzig Richtige gewesen. Hätte er einem der Umstehenden ins Bein geschossen, wäre die Menge auseinandergestoben wie eine Herde durchgebrannter Rennpferde.

Stattdessen liess er die Menge zu nahe an sich herankommen. Einem der Angreifer gelang es, Nuri die Pistole zu entreissen. Er schoss, Nuri brach auf der Stelle zusammen, aber er lebte noch. Nun begann der Mob, den alten und verwundeten Mann mit den Füssen zu treten und mit Steinen zu bewerfen. Unter dem Mob befand sich auch Aziz, ein Metzgereibesitzer im Bezirk Bettaween, den man nur Abu Samir nannte.

Zu dieser Zeit befand sich Oberst Wasfi Tahir in der Nähe des Ortes, an dem Nuri erschossen worden war. Wasfi Tahir, der jetzt der Militärjunta diente, hatte zuvor in den Diensten von Nuri gestanden. Als er hörte, dass Nuri in der Nähe verwundet auf der Strasse lag, kam er schnell zum Tatort. Er trat auf den am Boden liegenden Schwerstverletzten heran.

Kaltblütig feuerte er eine Salve aus seiner Maschinen-
pistole auf Nuri ab.

Unmittelbar nach der Ermordung Nuris fragte
Wasfi die Umstehenden: «Wo finde ich hier ein Telefon?» Muwaffaq Karamanchi, einer meiner Freunde,
hatte die Ermordung Nuris beobachtet. Er erzählte
mir später, dass Wasfi in das Haus von Muhammed
Salih Al-Karamanchi ging, dort Abdul-Karim Qasim
anrief und ihm kaltblütig, aber zufrieden mitteilte:
«Wir haben ihn getötet».

Was für eine Schande.

Dann trank Wasfi eine Tasse Kaffee. Anschliessend
verliess er das Haus Al-Karamanchis.

Nach der Ermordung von Nuri Al-Said, des Königs, des Kronprinzen und der königlichen Familie
stand das Tor zur Hölle weit offen – für den Irak und
die Iraker. Nun waltete Aziz, der Metzger, und andere Gauner, ihres zweifelhaften Amtes. Sie entledig-
ten Nuri seiner Kleider, dann stachen sie wild auf ihn
ein und zerlegten ihn regelrecht. Ein jeder nahm ein
kleines Stück von ihm mit.

Wo standen das Land und seine Bürger nun am 15.
Juli 1958, also einen Tag nach dem Putsch und am Tag
der Ermordung Nuri Al-Saids? Ein von einer blut-
und machtgierigen Meute verübter Militärputsch
hatte das Volk mit barbarischen Methoden von der
Monarchie «befreit». Sicher, die Monarchie war nie
fehlerfrei. In Anbetracht des am 15. Juli durch die
Strassen ziehenden und marodierenden Mobs zeigte
sich nun aber, dass die strenge Hand der Monarchie
sehr wohl ihre Berechtigung gehabt hatte. Sie hatte

bisher den Mob im Zaum gehalten. Jetzt aber handelten die rachedurstigen Massen gegen jedes Gesetz, gegen die religiösen Lehren, gegen jeden Anstand und jede gegen Moral. Sie verletzten die Menschenrechte der Opfer, gaben sich ihrem Blutrausch hin. Sie verstiessen gegen alle Lehren, gegen jede Form des Respekts, sei es gegenüber Lebenden oder Getöteten.

Dem gewöhnlichen irakischen Bürger waren derartige Grausamkeiten fremd, wie sie sich ab dem 14. Juli Bahn brachen. Fortan aber waren Morde, Folterungen, Hinrichtungen und blutige Kämpfe zwischen den irakischen Parteien praktisch an der Tagesordnung. Der Putsch hatte eine wütend um sich schlagende Furie hervorgebracht, die sich auch in den folgenden Jahrzehnten nie bändigen liess, wohl auch, weil sie immer wieder ihre Gestalt und ihr Gesicht veränderte.

Die Auslobung von 10'000 irakischen Dinar für Personen, aufgrund deren Angaben Nuri Al-Said verhaftet oder umgebracht werden konnte, war die erste Genehmigung an den Mob, ohne Gerichtsverfahren zu töten. Dies war eine Einladung, ohne Moral und entgegen allen Gesetzen zu morden und eine Ermutigung für die politischen Parteien, gegeneinander zu kämpfen und ihre als Feinde betrachten Gegner zu töten. - Jeder informierte Mensch weiss von den Massenmorden, Vergewaltigungen, Versklavungen durch die ISIS im Irak und in Syrien. Wer aber weiss, was noch kommen wird? Die ISIS steht in der Tradition des Regimes von Saddam Hussein und der wahhabitischen fanatischen Sekte des Islams. Sie waren die Geburtshelfer der Bestie ISIS. Schon am Tag des Staatsstreichs wurden Major General Abdul Karim Qasim zum Vorsitzenden und einige andere Personen zu Mitgliedern des Revolutionären Kommandorates (RCC) ernannt. Zwei bis drei Tage später gab man weitere Namen von Offizieren im RCC bekannt. Es waren unabhängige Offiziere und Mitglieder verschiedener politischer Parteien. Sie stammten aus verschiedenen Teilen des Irak. Und sie alle, wie auch die Parteigänger und Mitläufer, hatten sich an den Demonstrationen und Feiern am 14. und 15. Juli beteiligt. An ihren Händen klebte Blut. Denn auch sie hatten sich an den Leichen der widerrechtlich Hingerichteten vergangen, sie misshandelt und durch die Strassen geschleift.

Innerhalb des RCC herrschte vom ersten Tag ein Kampf um jedes Quäntchen Macht. Jeder der Offiziere hoffte auf eine einflussreiche Führungsposition und Privilegien, besonders der naive Offizier Abdul-Salam Arif, der als Abgeordneter des RCC einberufen wurde. Dieser Machthunger beschränkte sich nicht auf die Offiziere. Die zivilen Führer der politischen Parteien waren nicht besser. Und so eskalierte der Kampf um Einfluss und Pfründen rasch und drohte ausser Kontrolle zu geraten. Kurz: Die «grosse Katze», also eine starke Regierung, gab es nicht länger. Und so konnten die Mäuse und Ratten tun, was sie wollten.

Der RCC sandte Abdul-Salam Arif zum ägyptischen Präsidenten Gamal Abdul Nasser. Abdul-Salam Arif sollte zwischen dem RCC und Ägypten eine gute, brüderliche Beziehung aufbauen, da das Verhältnis zwischen beiden Ländern unter der Monarchie gestört war. Bei einem Treffen zwischen Abdul-Salam Arif und dem Präsidenten Nasser schlug Salam Arif seinem ägyptischen Gesprächspartner die Gründung einer Vereinigten Arabischen Republik vor. Dieser sollte neben dem Irak auch Ägypten und Syrien angehören. Doch niemand hatte Salam Arif dazu bevollmächtigt, diesen Vorschlag an Nasser heranzutragen.

Präsident Nasser wusste, wie sehr Salam Arif die Politik des ägyptischen Regenten in der arabischen Welt schätzte. Und da Nasser selbst von der Idee der arabischen Einheit – freilich unter seiner Präsidentschaft – begeistert war, fragte er Salam Arif: «Was ist, wenn sich Abdul Karim dem Projekt der Vereinigung mit Ägypten und Syrien entgegenstellt?» Salam Arifs antwortete mit einer Gegenfrage: «Willst du, dass ich ihn töte?»

Ob Nasser nur nickte oder eine präzise Antwort gab, ist nicht bekannt. Jedenfalls plante Salam Arif während dreier Monate einen ersten Attentatsversuch gegen Abdul Karim. Doch er scheiterte und war bald einmal seinen Job beim RCC los. Man wollte ihn zum Botschafter ernennen und nach Bonn entsenden, der damaligen Hauptstadt Westdeutschlands. Glücklicherweise lehnte Salam Arif ab. Er war für diese Position auch in keiner Weise qualifiziert, und es wäre für den Irak peinlich gewesen, da dieser bis anhin seine Botschafter sehr sorgfältig ausgewählt hatte. Als Salam Arif weiterhin heimlich gegen Abdul Karim

Qasim opponierte, um einen Putsch zu provozieren, wurde er schliesslich verhaftet und zum Tode verurteilt. Das Urteil wurde jedoch nie vollstreckt. Er sass im Gefängnis, bis ihn Abdul Karim Qasim begnadigte und ihn aus dem Gefängnis entliess.

Doch noch immer hatte Salam Arif den Wunsch, das Regime seines früheren Freundes eines Tages zu stürzen, wie wir später sehen werden. Zwei oder drei Monate nachdem die Monarchie gestürzt worden war, wurden auf den Strassen Bagdads und in den anderen Provinzen die politischen Parteien mit Werbetransparenten und Slogans aktiv. Die Parteien warben mit allen Mitteln um neue Mitglieder und um Stimmen. Sogar Studenten ab 14 Jahren wurden aufgefordert, sich den Parteien anzuschliessen; natürlich ging dies nicht ohne Streit und Schlägereien ab. Auch in Fabriken und Behördenbüros kam es immer wieder zu lautstarken und oft handfesten Auseinandersetzungen. Die Zeit des Chaos, der Gewalt und des Blutvergiessens hatte begonnen.

Auch ich war nach wie vor politisch tätig, wenngleich mit Zurückhaltung. Mir ging es vor allem um die Verwirklichung der Menschenrechte im Irak. Das kam mich und meine Familie teuer zu stehen. Zweimal entkam ich dank Gott und meiner Entscheidung im richtigen Moment der Ermordung durch das Regime.

Das erste Mal war dies, als meine Familie und ich am 22. Oktober 1980 nach Jordanien flüchteten. Die zweite Flucht trug sich im März 1994 zu. Da hätte ich als eines von fünf Mitgliedern der irakischen

Opposition auf Befehl von Saddam Hussein ermordet werden sollen. Der Grund dafür: Ich hatte im August 1993 dazu beigetragen, dass sich zwei irakische Botschafter von Saddams Regime lossagten und der irakischen Opposition anschlossen.

Nicht alle meiner Freunde aus der irakischen Opposition entkamen den Häschern Saddams. Einer meiner Freunde wurde am 12. April 1994 in Beirut, Libanon, ermordet.

Freiheit ist das wertvollste Geschenk. Aber sie muss an einem sicheren Ort aufbewahrt werden. Und dieser Ort befindet sich in den Köpfen und Herzen der Menschen, die sie errungen haben. Wer die Freiheit nicht kennt, die immer auch mit mehr Verantwortung und Entfaltungsmöglichkeiten verbunden ist, muss sie erst kennenlernen. Und dann schätzen.

Deshalb kann man sie mit einem Heilmittel vergleichen: Freiheit ist wie eine Medizin. Wer sie in kleinen, verträglichen Dosen einnimmt, kann sich von einer Krankheit erholen. Wer aber alles auf einmal nimmt, kommt um.

Freiheit, Demokratie und Menschenrechte sind also als höchste Güter sorgfältig zu behandeln und zu verteidigen und schützen, und von Beginn an auch sorgsam zu dosieren. Das gilt vor allem bei Nationen, die Jahrhunderte keine Freiheit kannten, sondern unter Tyrannei, Unterdrückung und brutaler Herrschaft litten. So wie wir im Irak.

Dort hatte über Nacht ein Wechsel stattgefunden von einer Monarchie zu einem Militärrat. Die meisten Menschen hofften, dass sich ein grosses Fenster zur

Freiheit öffnen würde. Doch niemand war auf einen Regierungswechsel und auf die politischen Auseinandersetzungen vorbereitet, die sich nun mit hohen Partikularinteressen archaisch Bahn brachen.

Die jeweils herrschende Militärjunta, aber auch die unterschiedlichsten Parteien missbrauchten die weitgehend des Lesens und Schreibens unkundigen Menschen für bewilligte Demonstrationen und illegale Aktionen. Egal, ob es die Kommunistische Partei war, die Baath-Partei, die Bewegung der arabischen Nationalisten oder andere Gruppierungen: Sie betrieben in hohem Masse Agitation, selbst wenn die Regierung ihnen keine Bewilligungen oder eine offizielle Zulassung zur Bildung ihrer Organisationen erteilt hatte.

Jede dieser Parteien wollte die herrschende Partei des Landes werden – und mit der irrsinnigen Meinung, dies gelänge am besten, indem man die Freiheiten an sich reisse und den anderen wegnehme, ohne dabei zu bedenken, dass sie sich dadurch überall verflüchtigt. Dass politische Führer eine Spitzenposition erringen wollen, ist legitim, nicht aber, dass man dies mit illegitimen Methoden anstrebt. Als besonders zielstrebig und zur schnellen Übernahme des Amtes eines Staatspräsidenten oder Premierministers erwiesen sich die hohen Offiziere der Armee, welche militärische Einheiten anführten.

Nach dem Ende der Monarchie und der Gründung der Republik Irak bildete der RCC folgende Strukturen der Regierung der Republik Irak:

Der Herrschaftsrat (SC) sollte das Land repräsentieren. Er bestand aus nur drei Leuten: aus General

Najem al-Rubai'ee (SC-Vorsitzender), Muhammed Mahdi Kubbeh und Khalid Al-Naqashbendi.

Der Ministerrat (MC) wiederum bestand aus Abdul-Karim Qasim, dem Anführer des Militärputsches. Er ernannte sich selbst zum Premierminister und Abdul-Selam Arif zu seinem Stellvertreter. Die anderen Minister und Ministerrat-Mitglieder gehörten anderen Parteien an. So sassen im Ministerrat irakische Kommunisten, arabische Nationalisten (sie unterstützten Gamal Abdel Nasser, den Präsidenten von Ägypten und unterstanden auch seinem Befehl), dann Anhänger und Mitglieder der Baath-Partei (sie war damals noch wenig bekannt), National-Demokraten (unter der Führung von Kamil Al Chaderchi andere kleine Parteien.

Einer der ersten Beschlüsse des RCC verfügte die Freilassung der Gefangenen. Diese waren fast alle Kommunisten. Sie vegetierten im entlegenen Gefängnis von Al-Salman, 250 km südlich von Bagdad. Das Gefängnis hatte stets offene Türen. Man konnte – theoretisch – kommen und gehen, wann man wollte. Der Haken: Die Anstalt lag in der Wüste, und wer die Flucht wagte, entkam nicht: dafür sorgten hungrige Wolfsrudel, die Hitze, die eigene Entkräftung bei fehlender Nahrung und der Durst. Kein schöner Tod. Doch so schnell die politischen Häftlinge aus dem Gefängnis entlassen wurden, so schnell füllte es sich auch wieder mit hochrangigen Mitgliedern der früheren Regierung der Monarchie. Einige Minister gehörten dazu, etwa der Innenminister, zwei oder drei ehemalige Premierminister, Direktoren der Sicherheitspolizei, der Gouverneur von Bagdad und zwei oder drei hohe Armeeoffiziere. Sie wurden nach ihrer Verhaftung ins Gefängnis geworfen und anschliessend vor ein Militärgericht gestellt. Letzteres wurde vom ehrgeizig-scharfen Oberst Fadhil Abbas Al-Mehdawi präsidiert. Radio und Fernsehen übertrugen die langwierigen Gerichtssitzungen live. Die Urteile des Gerichtes lauteten für einige der Angeklagten auf Tod oder lebenslänglich. Andere erhielten einige Jahre Gefängnis. Fadhil AlJemaili, ein populärer Ex-Premierminister, wurde 1961 anlässlich des Besuches von König Muhammed V. von Marokko in Bagdad aufgrund eines Gnadengesuches freigelassen.

Monarchie zwischen Anarchie und Demokratie

Würde man eine Abwägung vornehmen müssen, welche Regierung im Irak des 20. und 21. Jahrhunderts die beste war, wäre die Antwort einfach zu geben: keine.

Und die zweitbeste? Auch hier wäre die Antwort klar: die Regierung der Monarchie. Denn bei allen Fehlern, die die Monarchie beging, bei aller Brutalität, die sie ausübte, bei allen Schwächen in Sachen Demokratie, Freiheit und Bürgerrechten, hatte das Land seit dem Erlangen seiner Unabhängigkeit im Jahre 1921 doch wenigstens eine Entwicklung durchlaufen.
Die Regierung der Monarchie schickte die besten irakischen Studenten an die Universitäten von England und der USA, an die amerikanische Universität in Beirut und an Universitäten in Frankreich und anderen Ländern. Dort studierten sie Ingenieurwissenschaften, Medizin, Nationalökonomie, Jurisprudenz, Kunst, Geschichte und viele andere Fächer der Wissenschaft. In den Jahren nach ihrer Rückkehr in den Irak spielten diese hochgebildeten Iraker eine herausragende Rolle beim Auf- und Ausbau der Infrastruktur des Landes. König Faisal I. beklagte immer wieder, dass der Wiederaufbau des Landes zu schleppend voranging, weil die überwiegende Mehrheit des Volkes Analphabeten war.

Ein weiterer Grund für die langsame Entwicklung war aber auch der Umstand, dass viele islamische Sekten, Stämme und ethnische Gruppen zerstritten oder gar verfeindet waren. Die Menschen dort hatten oftmals keine Ahnung von Zivilisation. Sie lebten noch immer in der Welt der Jahrhunderte währenden Besetzung durch das Osmanische Reich. Ihr Alltag bestand aus Unterdrückung, Ausbeutung durch hohe Steuern, fehlende Bildung, fehlendes funktionierendes Gesundheitswesen, Korruption und kaum Möglichkeiten, aus eigener Kraft die menschlichen Grundbedürfnisse zu befriedigen.

All dies wollte die von Grossbritannien eingesetzte Monarchie mit den von ihnen in die Regierung berufenen Persönlichkeiten Schritt für Schritt ändern – und damit ihren Bürgern auch nach und nach politische und andere Freiheiten gewähren. Man kann sagen, dass das Modernisierungsprogramm der Monarchie angesichts der damals vorhandenen Mittel und Ressourcen recht fortschrittlich war. Noch flossen die grossen Einkünfte aus dem Ölexport nicht, und wenn, dann auch mehr in ausländische Kassen der Förder- und Raffinieriefirmen. Gute zwanzig Millionen US-Dollar kamen dem Staatshaushalt zugute pro Jahr.

Auf dem Hintergrund des osmanischen Reiches war das eine richtiggehende Bonanza. Die damit realisierten Projekte zeigten uns, dass die Monarchie ihr Bestes gab, um das Land schrittweise zu modernisieren.

Und was unternahm die Putschregierung Abdul-Karim Qasims? Sie versuchte zwar, einige der von der Monarchie angestossenen oder laufenden Reformprozesse weiterzuführen. Doch die Militärs und Politiker hatten nicht mehr die zivilen Bedürfnisse eines aufstrebenden Entwicklungslandes und einer sich vom Analphabetismus wegbewegenden jungen Bevölkerung im Kopf, sondern den Ausbau und der Sicherung ihrer Macht. Während zu Zeiten der Monarchie die Infrastruktur des Landes im Mittelpunkt der Zukunftsausrichtung stand mit grossen Infrastrukturbauten wie Staudämme, Bewässerungsprojekte, Strassen und Brücken, so waren nun vor allem Militärische Systeme wichtig. Man war in Fachkreisen froh, dass der Modernisierungsrat der Vorregierung so systematisch an seine Aufgabe herangegangen war. So konnte man dieses Werk nun fortsetzen und zumindest mit Qasim weiterdiskutieren, planen, entwerfen und bauen. Ohne ihn wäre das System kollabiert., aber Qasim selbst verfügte nicht über qualifizierte Kräfte. Kein Mensch, keine Partei und keine Regierung können eine neue Nation aufbauen, wenn ihr Know-how, Expertise und Erfahrung fehlen. Und hier lag eine wesentliche Schwachstelle von Qasims Regierung

Qasim hatte keine gut organisierte Partei und keine Regierung mit hoch qualifizierten Ministern und Spezialisten. Er und seine Mitstreiter hatten keine eigenen Pläne zum Wiederaufbau des Landes, zur Errichtung der Infrastruktur, der Bildung, des Gesundheitswesens, der Industrie, des Tourismus, des Bergbaus, des Transports, der Eisenbahnen, Strassen, Dämme, Bewässerungsprojekte …

Auf all diesen Gebieten, in all diesen Disziplinen, in denen die Monarchie in 37 Jahren Arbeit immerhin einiges vorangetrieben hatte, hatten Qasim und seine

Leute selbst neben einigen Projektstudien nichts Vergleichbares entwickelt. Hingegen hatte er unter den Armeeoffizieren sehr gute Minister. Einer von ihnen war Muhammed Hadid, der Vater der berühmten Architektin Zuha Hadid. Er führte die Projekte der Monarchie in den Bereichen Landwirtschaft, Bewässerung, Dämme, Bildung, Straßen und Brücken, Wohnen, Gesundheitswesen weiter. Seine grösste Leistung war die Modernisierung der Armee und eine für diese Zeit gute Ausstattung mit Waffen aus der Sowjetunion.

Dieser Putsch bewirkte einiges: vom 14. Juli 1958 an entwickelte sich vieles plötzlich in die falsche Richtung und machte alles schlechter. Anstatt zusammen zu finden und gemeinsame Lösungen zu schaffen hatte sich der Geist der Egoisten, Missgünstigen und Mörder aus der Flasche befreit. Mit diesem gemeinen Putsch war das Chaos losgetreten worden. Das Land drohte in die Führungslosigkeit abzugleiten, deren einziger «stabiler» Faktor die Gewalt war; eine ständig zunehmende Gewalt, eine Gewaltspirale.

Das Chaos überzog nicht nur die neue Regierung. Es herrschte praktisch in allen irakischen politischen Parteien, die jeweils aus diversen Gruppen bestanden. Und jede dieser Gruppen machte, was sie wollte. Was die jeweils oberste Führung wollte, interessierte die Splitterorganisationen der Parteiapparate nur wenig. Hier in einigen kleinen Städten bildete man Gerichte, um die feudalen Grossgrundbesitzer zu unterdrücken; dort schrieben sich andere auf die Fahnen, die reaktionären, antirevolutionären Kerle zu bestrafen. Und so kam es, dass sich vielerlei Personen und Gruppierungen Gerichtshoheit verliehen, um ihre jeweiligen politischen Gegner zu drangsalieren.

Bald einmal rotteten sich Offiziere der Baathisten und der arabischen Nationalisten zusammen, um sich gegen Abdul-Karim Qasims Regierung zu verschwören. Sie wollten schnell die Einheit mit Ägypten und Syrien. Ihr mittelfristiges Ziel war die Bildung eines grossen vereinigten arabischen Landes. Diesem sollten angehören: sechs nordafrikanische, arabische Länder, die Arabische Halbinsel (also auch Saudi-Arabien, Jemen, Oman, Bahrain, Katar, Kuwait, sowie die damals von Grossbritannien besetzten Vereinigten Arabischen Emirate) und andere arabische Länder des Nahen Ostens.

Die Kommunistische Partei tat sich mit Abdul-Karim Qasim zusammen und warf den Baathisten und den arabischen Nationalisten vor, Agenten des Imperialismus zu sein. Die derart Beschuldigten gaben wiederum den Kommunisten zurück als Agenten Moskaus zu agitieren. Es gab keine Option für eine moderate Annäherung der beiden Blöcke oder gar für einen zivilisierten Dialog. Die Baathisten hielten die Kommunisten für Verbrecher. Die Kommunisten wiederum dachten das Gleiche über die Baathisten.

Als Qasims Regierung verkündete, dass einige Offiziere der Baathistisch-Arabischen Nationalisten eine Verschwörung geplant hätten, gingen die Kommunisten gegen Qasim auf die Strasse. «Keine Verschwörung kann erfolgreich sein, es gibt genügend Stricke auf den Märkten!», schrien sie. Mit dieser Botschaft drohten sie ihm das brutale Ende an, das der Kronprinz Abdul Ilah gefunden hatte. Die Middle East News Agency hatte – laut Time-Magazin – die Ermordung des Kronprinzen so beschrieben: «Die Menschen schleppten Abdul Illahs Körper wie einen Hund auf die Strasse und rissen ihn in Stücke. Dann verbrannte der Mob den Körper.»

Bei den Wahlen zeigte sich die Unreife der Parteien und die noch nicht vorhandene Reife vieler Wähler drastisch und führte zu völlig irreführenden Resultaten. Man tischte bewusst Lügenangebote auf, die eine grosse Anzahl der des Lesens nicht Mächtigen glaubten. Sie versuchten, die ungebildeten Bürger durch Versprechen zu ködern. Das eine Mal waren es Jobs, das andere Mal Häuser oder Autos, die ihnen zufallen würden, wen sie nur den richtigen Daumenabdruck oder das Kreuzchen auf der richtigen Stelle des Wahlzettels machen. Sie versprachen das Blaue vom Himmel und viele der armen Leute fielen auf die Märchengeschichten aus einer und tausend Höllen hinein, und hunderttausende Iraker unterstützten fanatische Parteien. Besonders die Kommunistische Partei konnte einen starken Zulauf verzeichnen. Stabil waren diese Parteien aber nicht. Ihre Anhängerschaft wechselte. Das beschleunigte und verschärfte den Radikalisierungsprozess Im Irak noch weiter. Die politische Meinungsbildung fand damals vor allem in den Teehäusern und *Gehweh* genannten Cafés Bagdads statt. Viele Männer – und nur Männer – verbrachten hier ihre Zeit. Man traf sich mit Freunden, spielte Domino oder Backgammon schaute Fernsehen (viele

Festung und Gefängnis Al-Salman

hatten keinen Fernsehapparat zu Hause) und diskutierte und ereiferte sich über Politik.

In der ersten Zeit nach dem Putsch des Militärs trafen sich in den Kaffee- und Teehäusern unzählige Anhänger und Mitglieder aller grossen Parteien, also der Baathisten, der arabischen Nationalisten und natürlich auch der Kommunisten. Bald aber wollten die einen die anderen nicht mehr in ihrer Nähe dulden: Die Baathisten und die arabischen Nationalisten griffen die Kommunisten an und versuchten, sie mit Gewalt am Besuch der Kaffeehäuser zu hindern.

Und so ging es nicht lange, bis heftigste Auseinandersetzungen mit Stühlen, Messern und anderen Waffen geführt wurden. War eine Partei besiegt, hatte sie das Lokal zu meiden. Die Zeiten der ruhigen und friedlichen Tage waren Vergangenheit. Nur Gott wusste, was die kommenden Jahre für den Irak und seine Bevölkerung bereithielten.

Die Verschwörungen von Offizieren der Armee gegen Qasims Regierung verstärkten sich von Monat zu Monat, von Woche zu Woche und von Tag zu Tag.

Der alte schon in der Bibel festgehaltene Vers «Wer Wind sät, wird Sturm ernten», hatte sich wieder einmal bewahrheitet. Mit jedem Tag nahmen die Widerstände gegen Qasims Politik zu. Während Qasims viereinhalb Jahren. als Premierminister gab es nicht weniger als 40 Militärputschversuche: In der Zeit der Monarchie von 1921 bis 1958 hatte es nur einen grösseren Putsch gegeben, nämlich jenen vom 14. Juli 1958.

Doch nicht nur Putschisten bedrohten Qasims Leben, auch gedungene Mörder: Am 7. Oktober 1959, also eineinviertel Jahre nach der Machtübernahme, wurde Premierminister Abdul-Karim Qasim in der Bagdader Al-Rasheed Strasse beschossen. Obwohl die Attentäter ganze Salven in seine Richtung abfeuerten, wurde er nur an der rechten Hand verletzt. Zwölf junge Gangster wurden verhaftet. Unter ihnen ein gewisser Saddam Hussein.

Zwei Tage nach dem Attentat verliess Qasim das Spital; er vergab den Tätern und entliess sie zwei Jahre später aus dem Gefängnis.

Kein Zweifel: Abdul-Karim Qasims Rolle beim Putsch vom 14. Juli 1958 hatte ihm viele Feinde eingebracht. Und man kann angesichts der Brutalität, mit der er an die Macht kam, auch sagen, er hätte diese Feinde verdient. Gleichwohl ist zu konstatieren: Premierminister Abdul-Karim Qasim war als Premierminister besser als alles, was nach ihm kam.

Konzentrierten sich die politischen Auseinandersetzungen mehrheitlich auf die zahlreichen Tee- und Kaffeehäuser Bagdads und wurden diese Dispute mitunter auch blutig geführt, so herrschten andernorts weit brutalere Sitten: In Provinzen wie denjenigen von Kirkuk oder Mosul kam es zu äusserst gewaltsamen Konflikten bis hin zum Mord. Dutzende politische Widersacher aus allen Parteien wurden von ihren Gegenspielern getötet und durch die Strassen geschleift. Pistolen und Gewehre kamen regelmässig zum Einsatz, wenn es darum ging, den «Einfluss» der jeweiligen politischen Partei zu sichern und auszubauen.

Während der Präsidialzeit von Qasim war die irakische Kommunistische Partei die mächtigste Partei des Landes und die einzige, die schon 1959 in der Lage gewesen wäre Abdul-Karim Qasim relativ einfach zu stürzen und aus dem Land einen kommunistischen Staat zu machen. Aber sie versuchten es nicht einmal und verhielten sich Qasim gegenüber loyal bis zu dessen Ende, obwohl der Premierminister sich selbst immer wieder von ihnen distanzierte.

Die Kommunistische Partei nutzte jede Gelegenheit, um ihre Unterstützung für Abdul-Karim Qasim zu demonstrieren. Besonders zum Jahrestag des Putsches am 14. Juli und am Tag der Arbeit, dem 1. Mai. Sie mobilisierten Iraker aus allen Teilen des Landes und organisierten in Bagdad beispielsweise achtstündige Demonstrationsumzüge. Diese begannen jeweils an der Rashiedstrasse und führten bis zum Maydan. Dort stand Abdul-Karim Qasim auf dem Balkon des Verteidigungsministeriums und salutierte den Massen. Es waren hunderttausende Demonstranten, vielleicht bis zu einer halben Million. Und sie kamen aus allen Gesellschaftsschichten. Ich persönlich glaube, dass die überwiegende Mehrheit der Leute vom Kommunismus so viel verstand wie die Neandertaler von der Relativitätstheorie.

Natürlich war die Lüge ein häufig eingesetztes Mittel. Diverse Kader der Kommunistischen Partei belogen vor allem die Analphabeten, unwissende und äusserst arme Leute. Sie ermutigten sie, der Kommunistischen Partei beizutreten und versprachen ihnen, dass sie an die Macht gelangen und Herrscher einer irakischen Kommunistischen Republik würden. Jedes Parteimitglied würde ein hübsches Haus, ein Auto und zu allem einen Fahrer erhalten!!! Sie versprachen den armen Männern Villen und weibliche Engel, wenn sie der Partei beiträten. Dann würden sie das Zehntausendfache ihres kleinen Mitgliederbeitrags zurückerhalten, den sie jeden Monat zu zahlen hatten.

Am 19. Juni 1961 stimmte England der Unabhängigkeit Kuwaits zu. Kuwait wurde ein kleiner Staat. Er lag und liegt an der Grenze zum Irak und damit nahe Basra, einer der wichtigsten irakischen Provinzen. Interessanterweise verkündete Abdul-Karim Qasim, dass der neue, unabhängige Staat irakisches Territorium sei. Grund für diese besitzergreifende Sichtweise: Während des Osmanischen Reiches hatte Kuwait, zusammen mit anderen Teilen des Ostens der Arabischen Halbinsel (einschliesslich Katar, Bahrein, den Vereinigten Arabischen Emiraten, Ihsa und Teilen Saudi-Arabiens), zum *Wilayet* (Osmanischer Verwaltungsbezirk) von Basra gehört. Nicht nur das, sondern auch ein grosser Teil des südwestlichen Iran (Arabistan oder Ahwaz) war Teil von Basra gewesen. Im Boden dieser Gebiete lagern unverändert die weltweit grössten Erdöl- und Erdgasreserven.

Doch nun hat die Besatzungsmacht, das Britische-Empire, diese wichtigen Regionen vom Irak abgetrennt. Das hatte schlimmste Folgen: auf einen Schlag erhielt nun Saudi-Arabien die Einkünfte aus dem Ölverkauf – also Billionen US-Dollar. Diese Mittel wurden und werden verwendet zur Verbreitung der wahhabitischen Sekte des Islam. Schulen und Moscheen wurden gebaut und wahhabitische Prediger und Schriften in alle Welt entsandt. Der Fanatismus und Hass wurde und wird in die Welt getragen. Das Ergebnis sind terroristische Gruppen, wie wir sie heute kennen: die Al-Qaida, Boko Haram, ISIS, Al-Nusra... und Gott weiss, wer noch alles.

Die Problematik der Kurden

Die ethnische Zusammensetzung der irakischen Bevölkerung ist sehr vielfältig. Die grosse Mehrheit der Iraker – gut achtzig Prozent – sind Araber. Die zweitgrösste Gruppe mit etwa zwölf bis 15 Prozent sind Kurden. Es folgen die Turkmenen, die Childo-Assyrer, die Armenier und die Sabier ...

Die im Nahen Osten ansässigen 35 Millionen Kurden sind eine zerrissene Nation: 20 Millionen von ihnen leben im Süden der Türkei, fünf Millionen im Irak. Etwa sechs Millionen Kurden leben im Nordwesten des Iran, zweieinhalb Millionen im Norden Syriens und weniger als 100'000 im Libanon. Weiter gibt es noch Kurden in Tadschikistan, Aserbaidschan und Turkmenistan.

Es ist nunmehr ein Jahrhundert her, dass der Nahe Osten (im englischsprachigen Kulturraum «Middle East» genannt) von den damaligen europäischen Siegermächten – Grossbritannien und Frankreich, aber auch Russland – neu aufgeteilt wurde. Diese Aufteilung erfolgte unter Missachtung des Völkerrechts und der Menschenrechte. Auch nahm man keine Rücksicht auf die natürlichen und zivilisatorischen Strukturen der jeweiligen Länder und Ethnien. Bis heute verursacht die vor hundert Jahren erfolgte Aufteilung viel Leid, vor allem bei den Kurden. Aber auch Iraker waren und werden von den Folgen in Anspruch genommen, befinden sich doch in der Türkei und im Iran Kurden in der Minderheit und im ständigen Kampf um Autonomie mit dem Ziel der

Errichtung eines autonomen kurdischen Staates. Es war nie das Ziel des Britischen Empires, Frankreichs oder Russlands, den Kurden zu einem unabhängigen Staat zu verhelfen. Sie wurden im Sykes-Picot-Abkommen vom 16. Mai 1916, das zwischen Grossbritannien und Frankreich geschlossen wurde, auf unfaire Weise auf die oben erwähnten Länder aufgeteilt. Auch das Russische Reich hatte seinen Beitrag dazu geleistet.

Nach der Konferenz von San Remo an der Italienischen Riviera hegten die Kurden Hoffnung auf Unabhängigkeit. Damals entschieden Grossbritannien, Frankreich und Italien zusammen mit Vertretern Griechenlands, Belgiens und Japans über die Zukunft der ehemaligen osmanischen Gebiete. Die Konferenz bot den Kurden ein autonomes Kurdistan an, was am 10. August 1920 formell und durch den Vertrag von Sèvres bestätigt wurde.

Da die neue türkische Nationalistische Regierung das Abkommen ablehnte, wurde es 1923 durch die Verträge von Lausanne ersetzt. Einer der wichtigsten Punkte: die Aufhebung der Autonomie des türkischen Kurdistans. So kam es zur Aufteilung der Kurden auf vier Länder.

Natürlich waren sämtliche Machthaber in Stämmen, Religion und Gesellschaft unzufrieden darüber, dass ihre Ambitionen von einem gemeinsamen kurdischen Staat ignoriert worden waren. Seitdem gibt es bewaffnete Konflikte und Kämpfe um die «kurdische Frage». Der Kampf um ein unabhängiges Gebiet in vier Ländern (Türkei, Irak, Iran und Syrien) und um eine souveräne Nation forderte bisher hunderttausende Tote, Millionen Verletzte und Versehrte. Heute garantiert einzig die Republik Irak – nach dem Sturz des Saddam-Regimes – den Kurden das Recht auf eine föderalistische Verwaltung. Der Preis dafür war sehr hoch, wie gleich zu sehen sein wird.

Es wäre falsch zu sagen, dass das Leid der Kurden ausschliesslich früheren Besatzungsmächten und dem brutalen Regime des Saddam Hussein zuzuschreiben ist. Wann immer die Kurden glaubten, einen Konflikt anzetteln oder für sich nutzen zu können, mischten sie an vorderster Front mit. Nicht genug damit: Über die vielen Jahrhunderte erwiesen sich ihre Anführer nicht nur als Meister der Intrige und des bewaffneten Kampfes, sondern auch als Befehlshaber mit unglaublicher Brutalität, mit der nicht nur äussere Feinde bekämpft wurden. Bestimmt wird die Geschichte der irakischen Kurden – zumindest in neuerer Zeit – von zwei Parteien, der KDP (Demokratische Partei Kurdistans) und der PUK (Patriotische Union Kurdistans). Die KDP wurde 1946 gegründet und wird seit 1979 von Masud Barzani geführt. Die PUK-wurde 1975 gegründet, und zwar von Jalal Talabani (Staatspräsident Iraks von 2005-2014). Ursprünglich eine stramme Linkspartei, verschob sich ihr Spektrum immer mehr in Richtung Mitte, sodass man die PUK heute – nach westlichen Massstäben – als sozialdemokratische Partei einstufen kann. Die KDP wiederum steht für eine nationalistische und eher konservative politische Ausrichtung.

Beide Parteien waren – wie die irakischen Kurden

auch – stets Spielbälle der jeweiligen politischen und militärischen Mächte. Einmal bekämpften sie sich über zu mächtige Herrscher, ein anderes Mal kämpften sie Seite an Seite mit ihnen. Letztlich aber waren sie aus der Perspektive der jeweiligen irakischen Regenten, aber auch aus jener der Nachbarländer, nicht mehr als taktische Verhandlungsmasse.

Von 1968 bis 1975 hatten die Kurden mit iranischer Unterstützung gegen das irakische Regime gekämpft. Nun, am 6. März 1975, unterzeichnete der Vizepräsident des Irak, Saddam Hussein, mit dem persischen Schah Muhammed Reza Pahlavi in Algier eine Übereinkunft. Und die besagte: Saddam Hussein überlässt dem Iran die Hälfte der Wasserstrasse des Schatt-al-Arab in der Provinz Basra. Im Gegenzug verzichtet der Schah künftig darauf, die irakischen Kurden in ihrem Kampf gegen die irakische Zentralregierung des Irak zu unterstützen.

Wieder einmal standen somit im Frühjahr 1975 die Kurden weitgehend schutzlos und alleine da. Sie konnten sich ausrechnen, was Vizepräsident Saddam mit ihnen und ihren Peschmerga-Kämpfern anstellen wollte, wenn die Tinte unter dem Abkommen erst einmal trocken war. Saddam Hussein, dessen war sich Mustafa Barzani sicher, würde nicht zögern, kurdische Zivilisten und Kämpfer umzubringen. Daher beschloss Mustafa Barzani, den Kampf gegen die Armee der irakischen Regierung einzustellen und Kurdistan zu verlassen. Barzani nahm nicht nur seine Familie mit, sondern weitere enge Verwandte, Kommandanten seiner Truppen und rund 180'000 weitere

Kurden. Sie alle entkamen ins Flüchtlingslager von Kermanschah, das im Nordwesten Irans lag. Mustafa Barzani starb im März 1979. Wie bei der KDP üblich, leitete nun einer seiner Nachkommen die Partei als Vorsitzender, und zwar sein Sohn Masud Barzani. Schon Mitte April 1975 begann Masud Barzani im iranischen Kermanschah seine Truppen neu zu organisieren. Der Stachel im Fleisch der Kurden – aus der erst sechs Wochen zuvor in Algier unterzeichneten irakisch-iranischen Vereinbarung – sass einfach tief, als dass man sich damit hätte abfinden können.

Doch man konnte auch nicht einfach losschlagen und in den Irak einmarschieren. Und so beschloss am 26. Mai 1976 ein Kongress der KDP, die Guerilla-Kriegsführung wieder aufzunehmen. Man plante, erst einmal einige Peschmerga-Truppen in das irakische Kurdistan zu schicken. Sie sollten unter den im Land lebenden Kurden Leute ausbilden und den bewaffneten Kampf gegen die Zentralregierung der

Baath-Partei vorbereiten. Abermals sollte ein jahrelanger Kampf beginnen. Doch die Barzanis und ihre Leute kämpften nicht nur an dieser Front. Wie erwähnt, hatte das ehemalige KDP-Kadermitglied Jajal Talabani am 1. Juni 1975 die Patriotische Union Kurdistans (PUK) gegründet. Und die war alles andere als einverstanden mit dem Vorgehen der KDP-Oberen. Und so beschuldigten die KDP-Führer bald einmal die PUK-Leitung, mit Saddam Hussein zusammenzuarbeiten.

Die Hochburg der PUK befand sich in Sulaymaniyah im Nordosten des Irak. Die KDP indessen war in Erbil und Duhok im zentralen Norden des Irak verwurzelt.

Als dann am 22. September 1980 der Krieg zwischen Iran und Irak begann (er sollte acht Jahre dauern), unterstützte die PUK schliesslich das Regime Saddams, der mittlerweile Staatspräsident geworden war.

Damit nicht genug: Die Truppen Talabanis kämpften sogar gegen die KDP, also gegen ihre kurdischen Brüder.

Wie erwähnt, begann der Krieg zwischen dem Irak und dem Iran am 22. September 1980. Die Kriegswirren absorbierten das Regime Saddams und seine Truppen. Das gab den beiden wichtigsten Parteien Kurdistans, der PUK und der KDP, die Gelegenheit, einige wichtige kurdische Städte im Irak zu besetzen.

Die Regierung Saddam Husseins rekrutierte Zehntausende von kurdischen Söldnern und nannte sie *Frusan* (Ritter). Seite an Seite kämpften nun die

Regierungsarmee und die PUK nicht nur gegen den Iran, sondern auch gegen die KDP und deren Verbündete.

Am 17. Oktober 2017 liess General Wafiq Al-Samarai (Direktor des militärischen Geheimdienstes unter Saddam Hussein) die Zuschauer des arabischen TV-Senders Al-Mayadin wissen: «Etwa 250'000 Kurden kämpften mit der Armee von Saddam. Ihr Job war es, sich an der Ermordung ihrer kurdischen Brüder zu beteiligen.»

Unter den Kurden selbst waren die Söldner alles andere als beliebt. Sie nannten sie despektierlich «Jihusch». Das bedeutet «Esel».

1988, also im letzten Kriegsjahr, bezichtigte Saddams Regierung ausgerechnet die PUK – also jene Partei, die ihn bisher unterstützt hatte – öffentlich der Zusammenarbeit mit dem Iran. Es muss Mitte März im Jahr 1988 gewesen sein, als Saddam Hussein seinem Cousin Ali Hasan Al-Mejied den Befehl erteilte, eine kleine, kurdische Stadt namens Halabja mit chemischen Waffen zu vernichten. Die Ausführung dieses Befehls erfolgte am Morgen des 16. März 1988. Da nahmen irakische Kampfflugzeuge und Artilleriewaffen die kurdische Stadt Halabja im Nordirak unter Feuer. Zunächst erfolgte ein konventionelles Vorbombardement – um Fenster und Türen der Häuser zu zerstören und die Menschen zur Flucht in die Keller zu treiben. Dann kamen Senfgas und das tödliche Nervengas Sarin zum Einsatz. Rund 5.000 Menschen – vor allem Frauen und Kinder – starben alleine an diesem Tag auf grauenvolle Weise. Kaum hatten die

Flieger Saddams ihre tödliche Last abgeworfen, erfolgte nochmals ein konventionelles Bombardement. Man wollte um jeden Preis möglichst alle Beweise vernichten.

Saddam Hussein war mit dem Einsatz offenbar hochzufrieden. Schon zuvor hatte er seinen bei diesem Einsatz befehlshabenden Cousin Ali Hasan Al-Majid (er wurde fortan «Chemie-Ali» genannt) zum Herrscher jener Provinz ernannt, die im Norden des Irak lag und die Mossul und das irakische Kurdistan umfasste. Und schon am 29. März 1987 hatte Saddam mit Befehl Nr. 160 bekannt gegeben, Tausende von kurdischen Dörfern von ihren Bewohnern zu «reinigen».

Er und seine Helfershelfer verfolgten dieses Ziel sehr konsequent und mit extremer Grausamkeit: Die Kurden wurden nicht nur in Kurdistan getötet und dann in Massengräbern beerdigt. Zahlreiche von ihnen wurden auf Militärlastwagen in arabische Teile des Irak verbracht, dort ermordet oder lebendig in Massengräber gestossen. Ein zehn Jahre alter Junge namens Teymour entkam nahe der Stadt Samawa aus einer frisch ausgehobenen Grube, in der er mit hunderten von anderen Kurden vergraben worden war. Er schaffte es, sich zu verstecken und flüchtete in ein nahegelegenes Dorf. Dort nahm ihn eine arabische Familie auf, zog ihm arabische Kleider an, sodass die Sicherheitsleute der Regierung ihn nicht erkennen konnten. Fortan lebte er dort als «Bruder» des Khalid und wurde als Familienmitglied betrachtet. Von 1988 bis 1989 systematisierte das Regime Saddam

Husseins seine Grausamkeit und rief die Anfal-Operation aus. Auch wenn viele Länder diesen Feldzug gegen die Kurden und andere Minderheiten später als Völkermord klassifizierten. Damals kümmerte sich die Welt nicht darum.

Auch in der Anfal-Operation, die in acht Phasen durchgeführt wurde, spielten kurdische Söldner eine unglaublich traurige Rolle: 250'000 von ihnen standen in Saddams Diensten. Und wieder hatte «Chemie-Ali» Ali Hasan Al-Mejid die befehlsgebende Gewalt. Er erteilte den Befehl, alle kurdischen Männer zwischen 15 und siebzig Jahren hinzurichten.

Die Opferbilanz: Laut kurdischen Quellen wurden im Rahmen der Anfal-Operation 182'000 Kurden getötet. Alleine aus dem Stamm der Barzanis starben 8000 Menschen. 4000 kurdische Dörfer wurden zerstört. Und wieder war in grossem Stil Giftgas zum Einsatz gekommen.

Erneut schwieg die westliche Welt zu dem von Saddam veranlassten Genozid. Dafür hatte sie natürlich ihre Gründe: Mit eigenem Vermögen hätte das Regime Saddam Husseins das Giftgas nie produzieren können. Der Irak war nur dazu in der Lage, weil er sich die chemischen Anlagen aus dem Westen beschaffen konnte. Jahre später wusste man bei der UNO dazu Genaueres: 52,6 Prozent der Industrieanlagen zur Gasproduktion stammten aus Deutschland, die anderen aus anderen Ländern.

Auch wenn die Truppen Saddam Husseins bei der Vernichtung der Kurden mit unvorstellbarer Grausamkeit vorgingen, so war ihnen ein Sieg auf lange

Sicht nicht vergönnt. Am 1. März 1991 kam es im Irak zum Aufstand gegen das Regime Husseins. Er begann in Basra, im Süden Iraks. Die irakische Armee war im Rahmen der Operation Desert Storm (17. Januar bis 26. Februar 1991) zur Befreiung Kuwaits vernichtend geschlagen worden. Das Volk fühlte sich gekränkt, entwürdigt und machte dafür Saddam Hussein verantwortlich. US-Präsident George Bush sen. ermunterte die Iraker, sich gegen Saddam zu erheben, leistete aber keine materielle oder sonstige Unterstützung.

Das perfide Gegenteil war der Fall: Der Kommandant der alliierten Armeen, der amerikanische General Norman Schwarzkopf jr., erlaubte der irakischen Armee, weiterhin Helikopter und Panzer im Landesinnern einzusetzen. Während also der US-Präsident Bush das irakische Volk zum Aufstand aufrief, hintertrieb Schwarzkopf diesen Aufstand, indem er Saddam Hussein ermöglichte, den Aufstand in den arabischen Gegenden des Irak mit allen verfügbaren Waffen niederzuschlagen.

Die einstigen Soldaten Saddams, die sich nun gegen ihn erhoben, hatten nur leichte Waffen zur Verfügung. Gegen Saddams Truppen, die zur Niederschlagung der Aufstände ausgerückt waren, hatten sie keine Chance. Wie viele Tote die Revolte und deren Niederschlagung forderte, ist nicht exakt bekannt. Jedoch: 300'000 Leichen fanden sich später in Massengräbern. 300'000 von 18 Millionen Irakern, also zwei Prozent der damaligen irakischen Bevölkerung waren von Saddams Leuten niedergemetzelt worden. Im April 1991 nach Beendigung des Desert Storm erliessen die USA, Frankreich und Grossbritannien nördlich des 36. Breitengrades ein Flugverbot. Endlich waren die Kurden und schiitischen Minderheiten vor Angriffen aus der Luft sicher. Im August 1992 wurden die Flugverbotszonen ausgeweitet, und zwar auf das Gebiet nördlich des 33. Breitengrades.

Nun waren die Kurden weitgehend von Saddams Truppen und dem mörderischen Terrorregime geschützt. Sie kontrollierten ihre eigenen drei Provinzen. Seit dem Sturz von Saddams Regime am 9. April 2003 verfügen sie über jene Autonomie innerhalb eines Bundesstaates, die sie sich immer gewünscht hatten.

Ewiger Friede herrscht dennoch nicht in den kurdischen Gebieten, wenngleich sich die Fronten zwischen der PUK und der KDP mittlerweile beruhigten.

Der immer wieder aufkeimende und sich auch blutig äussernde Bruderhass liegt in den Führungs- und Organisationsstrukturen der beiden Parteien begründet.

Die KDP ist keine demokratische Partei, sondern Mulla Mustafas al-Barzanis Familienunternehmen, man könnte auch sagen: mafiaähnliche Verbindung. Seit jeher herrscht die Familie der Barzanis über die KDP.

Mulla Mustafa, sein Sohn Masud und andere enge Verwandte betrachten das irakische Kurdistan stets als ihr Privateigentum; sie beanspruchen sämtliche Einkünfte aus den Ölexporten, die Zolleinnahmen,

Steuern und viele andere Einkünfte. Nicht anders sieht es in den Kurdengebieten aus, die von der PUK kontrolliert werden: Jene Gelder, die dank Rohöl, Zöllen, Steuern und anderen Einnahmen fliessen, gehen vor allem auf das Konto der Familie Talibani. Seit diese Familie an der Macht ist, häufte sie Reichtümer an, mithin Milliarden US-Dollar. Ganz anders geht es hingegen den unter der Herrschaft von KDP und PUK stehenden Regierungs-Angestellten, die um die Auszahlung ihrer Gehälter kämpfen mussten und sie zur Mehrheit von der Zentralregierung in Bagdad ausbezahlt bekommen und nicht wie vereinbart von der kurdischen Regierung.

Internationale Wahhabiten-Bedrohung

1. Für viele Menschen ist das Leben von der Kindheit bis an das Ende ihrer Tage ein mehr oder minder fortwährendes Vergnügen, Glück, Unterhaltung und Spass. Eine Zeit ewigen Wohlbehagens und anhaltenden Wohlstands.

2. Für viele andere Menschen ist das Leben ein fortwährender Kampf um jeden Bissen Brot, um jeden Tropfen sauberes Trinkwasser, um menschenwürdigen Wohnraum, um medizinische Hilfe, um Medikamente, um Elektrizität, Bildung, um Sicherheit: kurz um das Allernotwendigste.

3. Und für wiederum andere Menschen ist das Leben Folter, andauernde Kränkung und schwerste Erniedrigung, Unterdrückung, Tyrannei, Raub, Angst, Vergewaltigung, fortwährende Barbarei, allgegenwärtiger Tod. Eine Hölle auf Erden, wie sie der Diktator Saddam Hussein schuf.

Es werden nicht alle sein, die sich der ersten Kategorie zuordnen. Aber viele, die sich nicht materiell orientieren, sondern an der Nächstenliebe. Dass es dazu ausser der Nächstenliebe eigentlich wenig bedürfe, lehren alle grossen Religionsstifter, ob sie nun Buddha, Laotse, Messias, Gott, Allah, Christus oder Mohammed gerufen werden und ob sie katholischer, evangelischer, sunnitischer oder schiitischer Konfession sind. Dafür bewundere ich Ghandi. – Friedlich waren Religionen nicht immer, sondern auch machtgetrieben, expansiv und brutal. Die ganze Kulturgeschichte ist voll von ihren Kreuzzügen, Schlachten und Unterjochungen sowie Missetaten. Doch diese Zeiten sind seit den Modellen eines Weltethos weitgehend vorbei, seitdem es übergeordnete Vereinbarungen und Organisationen gibt, die sich auf den interkulturellen und interreligiösen Dialog, die Liberté, Egalité und Fraternité der französischen Aufklärung und die Charta der Menschenrechte der Vereinten Nationen berufen. Ihre Gültigkeit bezieht sich auch auf ideologische und politische Denkrichtungen und Machtblöcke wie den Marxismus, Kommunismus, den Sozialismus und den Liberalismus einschliesslich des Nationalismus und des internationalen Nestflüchter-Kapitalismus, die sich aller nationalen und internationalen Kontrolle entziehen.

4. Es gibt immer mehr Persönlichkeiten, die den Umgang der Menschheit mit der Natur, Kreatur und Umwelt verheerend finden und für einen nachhaltigen Umgang unserer Ressourcen eintreten. Die in den Klimaveränderungen einen Hilferuf der Natur sehen und bei ihrer Nahrungsauswahl sehr selbstdiszipliniert sind. Sie sind das Hauptthema unserer Zeit und unserer Jugend. Unter «Bedrohter Welt» sieht man in der Weltöffentlichkeit das Klimathema, und nicht das einer anderen Gefahr, an erster Stelle. Aber es gibt sie noch die Menschen der Kategorien zwei und drei.

5. Diese Gefahr trägt einen neuen Namen. Sie nennt sich Islamischer Staat in der Vorsilbe (IS) mit zusätzlichen Gruppierungen. Über die Entstehung dieser

Gefahr, die den Westen erstmals mit den Begriffen Osama bin Laden und 9/11 in Angst und Schrecken versetzte, muss man einiges wissen, um ihre Bedrohlichkeit zu verstehen. Charakteristisch für diese Gefahr ist ihre Unberechenbarkeit und ihr verächtliches Menschenbild.

Seither gibt die ganze Welt Hunderte von Milliarden, wenn nicht Billionen von US$ aus für Sicherheitsmassnahmen auf Flugplätzen, Grenzkontrollen, Eingängen zu wichtigen Büros und Einrichtungen, Überwachungsaufträgen und vielem mehr. Wenn all dieses Geld eingesetzt würde, um die Bildung zu verbessern, um die Erde nachhaltig zu erschliessen und in den Drittweltländen neue Jobs zu schaffen und um die Armut zu bekämpfen, wäre unsere Welt ein viel besserer Ort. Kurz: diese mit Petrodollars finanzierten wüstenarabischen Sekten müssen von der Weltgemeinschaft zur friedlichen Koexistenz gezwungen werden.

Wohlgemerkt, es geht hier nicht um den gesamten Islam als Religion, sondern um zwei seiner extremen sunnitischen Sekten. Ich wurde mit einer schiitischen Erziehung, vielen sunnitischen Freunden und mit grossem Interesse für Wissenschaft, Technik und Kultur in einer arabisch-mesopotamisch-islamischen Gesellschaft sozialisiert, und bin mit westlichen Lebensformen und Managementmethoden als freier Unternehmer vertraut. Daher bin ich heute ein einem säkularen Staat mit repräsentativer Monarchie verpflichteter Weltbürger und deshalb erneut irakischer Exilant. Dieses zweite Exil ist die Konsequenz einer

Zusammenarbeit von Saddam Husseins Folterknechten und den von Saudi-Arabien, Katar und von anderen Golfstaaten munitionierten Sekten des Wahhabismus und des Salafismus. Sie entstand in Folge einer kulturell äusserst respektlosen und unglaublich dilettantischen Besetzung meines Heimatlandes durch eine vom US-Befehlshaber Paul Bremer angeführten «Koalition der Willigen» und der Aufhebung aller Strukturen des Bisherigen.

Die islamistischen Salafisten und Wahhabiten agieren unter dem Schutz der Menschenrechte und löschen sie sofort in ihrem Zuständigkeitsbereich. Sie sind zwei anachronistische und mörderische Gesellschaften, die mit Waffen jeglicher Art ihre archaischen Zielsetzungen schonungslos umsetzen. Ihre unheilige Allianz mit dem von den Briten als Königsfamilie eingesetzten und von den Amerikanern unterstützten Beduinenstämmen der al-Saudis hat es darauf abgesehen, alle anderen Religionen und alle nicht wahhabitischen Sekten des Islams einschliesslich aller anderen Ungläubigen – also mich und dich – zu unterwerfen oder auszulöschen. Das gelang ihnen im letzten Jahrhundert auf der arabischen Halbinsel, die sie monopolisieren; und spätestens seit 2001 (9/11) wissen wir, dass sie dies nun auf der ganzen Welt anstreben.

Wenn sie heute in Europa, den USA, in Afrika, Südostasien oder sonst wo auf der Welt Selbstmordattentäter blutige Massenmorde begehen, wenn mit Macheten bewaffnete Islamisten unschuldige Menschen massakrieren, wenn marodierende und mordende Banden ganze Länder, Volks- oder Glaubensgruppen in Angst versetzen, dann ist die primäre Ursache dafür nicht einfach in irgendeiner politischen Begebenheit des 19. oder 20. Jahrhunderts zu suchen. Der Schlüssel zur Erkenntnis über die Herkunft und das Wesen des heutigen islamistischen Terrors liegt vielmehr in der Geschichte des Wahhabismus.

Die Ursprünge des Wahhabismus datieren aus dem Jahr 1744 nach Christi Geburt und ein Jahrtausend nach der Ausrufung des Propheten Mohammed auf der Arabischen Halbinsel! Sie sind entstanden im Dorf ad-Dirʿiyya Muhammad Ibn Saud und Muhammed Abdul-Wahhab. Der Letztere, Muhammed Bin Abdul-Wahhab, war ein ultrakonservativer sunnitischer Moslem, der bereits als Zehnjähriger das heilige Buch des Islam, den Koran, auswendig beherrschte.

Mit seiner stupenden Kenntnis legte er alles sofort aus und hatte auf alles eine dominierende Meinung, die keinen Widerspruch duldete. Heute würde man sagen, Muhammed Bin Abdul-Wahhab war ein gewaltbereiter Fundamentalist. In seinem Fanatismus war er überzeugt davon, dass nur seine konservative Sicht der Dinge richtig und gottgefällig war.

Es liegt in der Natur vieler derart dogmatischer Menschen, dass sie in ihrer Radikalität all jene verurteilen und verdammen, die sich ihnen nicht anschliessen und unterwerfen. Muhammed Bin Abdul-Wahhab jedenfalls sah alle, die ihm nicht folgten, als Ungläubige an, die es nicht verdient hatten zu leben. Also brachte er sie um – obwohl sie als Sunniten der gleichen Glaubensrichtung angehörten wie er.

Von gleicher rücksichtsloser Radikalität war Muhammad Ibn Saud, der 44 Jahre älter wurde und zu den Urahnen der Familie des Königreiches Saudi-Arabien zählt. Von den Briten inthronisiert und den Amerikanern hofiert und ausstaffiert, plant er mit eiserner und russschwarzer Hand alle seine Feudalkontakte. Abweichungen straft er brutal nach der strengen Scharia ab.

Beide Mohammeds eint eine tiefe jugendliche Kränkung. Muhammed Bin Abdul-Wahhab ist zwar durchaus als Gelehrter anerkannt. Wegen seiner Radikalität wird er jedoch immer wieder von Stammesoberen und anderen Mächtigen verstossen. Auch im irakischen Basra ist er nicht erwünscht und er wird deshalb aus der Stadt verbannt. Glaubt man wahhabitischen Chronisten, prägte dieser Bann Wahhabs weiteren Weg. Denkbar ist aber auch, dass eine weitere Kränkung den jungen Wahhab schmerzte: So soll sich ausgerechnet sein Vater gegen die Lehren des jungen Islamgelehrten aufgelehnt und ihre Verbreitung verboten haben.

Auch Muhammad Ibn Saud hatte in jungen Jahren eine schmerzhafte Demütigung erfahren. Muhammads Vater, der Emir von ad-Dirʿiyya, entschied sich bei der Wahl seines Thronfolgers nicht für den eignen Sohn, sondern für einen Cousin, der sich bei seinem Onkel eingeschmeichelt und ihn schlecht gemacht hatte. So wurde erhielt nicht wie erwartet der 25-jährige Sohn das Zepter, sondern sein Cousin. Doch 1735 starb der Cousin nicht überraschend durch ein

Mordkomplott. Als Muhammed Bin Abdul-Wahhab 1744 nach ad-Dir'iyya kam, besuchte er auch Muhammad Ibn Saud. Es fanden sich zwei Brüder im Geiste, und fortan kämpften sie für die weitere Verbreitung der Lehren Wahhabs.

Wie vorhersehbar, verlief die Expansion des Wahhabismus äusserst blutig mit dem Schwert, fordert der Fundamentalist doch nichts anderes als die völlige Unterwerfung: «Wer auf unseren Ruf antwortet, wird unser Partner und Verbündeter und geniesst alle unsere Vorteile, und er muss alle Pflichten wie wir befolgen; wer sich uns nicht anschliesst, ist ein Ungläubiger und darf getötet werden».

Vor allem einige Beduinenstämme nutzten dieses Fatwa zur Ausdehnung ihrer Machtgebiete und zur gewaltsamen Aneignung von Vieh, Geld, Hab und Gut Dritter.

Die Allianz der beiden Mohammeds kannte eine klare Rollenteilung: Muhammad Ibn Saud war der Kommandant der neuen religiösen Bewegung, Muhammed Ibn Abdul-Wahhab hingegen der Prediger und religiöse Führer. Sie begannen, die Dörfer in der benachbarten Oase in Najd zu überfallen und sich ihnen zu unterwerfen. Ihre Schlachten nannten sie «Jihad». Nach und nach weiteten sie ihre Herrschaftsgebiete. Muhammed bin Abdul-Wahhab übernahm die Lehren des Vaters des islamischen Salafismus und der Terrorismuslehre Ibn Taymiyyahs, der 1263 in Harran nördlich von Aleppo in Syrien geboren worden war. Nun, nach Integration dieser Lehren war das Gesetzeswerk drakonisch geworden: auf 400 Sünden,

darunter kleinsten Abweichungen, stand die Todes-
strafe für Muslime, aber auch für Nicht-Muslime, die
sich im Gebiet aufhielten. Damals wie heute.

Dieses brutale Machtmodell war nicht zu stoppen.
Mit der Radikalisierung wurden aus einfachen Bedu-
inen Gotteskrieger: die anderen friedlichen Moslems
hatten diesen Wahhabiten auf der ganzen arabischen
Halbinsel nichts entgegenzusetzen und wurden
zwangsweise zu Opfern und Verbrechern gegen andere Moslems. Sie zerstörten alle heiligen Orte und
Schreine und griffen 1802 mit 12'000 Wahhabiten die
irakische Stadt Karbala an. Dabei schreckten sie auch
nicht vor einer Beschädigung des Schreins Imam
Hussein bin Alis, dem Enkel des Propheten Mohammed zurück – nicht zu reden von den unvorstellbar
grausamen Verbrechen gegenüber den Bewohnern.

Nachdem 12'000 Wahhabiten so viel Beute gemacht hatten wie nie zuvor, setzten sie alles in Brand.
Alte Leute, Frauen und Kinder starben durch das
Schwert der Barbaren oder durch das Feuer. Wann
immer sie eine schwangere Frau sahen, schlitzten sie
ihr den Bauch auf und liessen den Fötus auf dem offenen Körper der Mutter zurück. Blut floss wie andernorts Wasser. Mehr als 4'000 Menschen gingen bei
dieser Katastrophe zugrunde. 4'000 Kamele benötigten die Wahhabiten zum Abtransport ihrer Beute.

Nach der Plünderung und dem Morden zerstörten
sie das Mausoleum des Imams und machten es zu einer Kloake. Weil sie meinten sie würden aus golde-
nen Steinen bestehen, richteten sie die grössten Schäden an den Minaretten und Kuppeln an. Nur vier

Jahre später, im Jahr 1806 griffen wahhabitische Gotteskrieger Dörfer in der Nähe vor Karbala an und wiederholten dort das Grauen. Erstmals 1807 ging ihre Rechnung nicht auf: ihr Angriff auf Najaf wurden von deren Einwohnern zurückgeschlagen. Mit Palisaden hatten diese den Belagerern die Möglichkeit versperrt in die Stadt einzudringen.

1803 beschloss Abdul Aziz, damaliger Anführer der Wahhabiten, sich auch noch den Hijaz (Landschaft im westlichen Saudi-Arabien mit den Heiligen Stätten des Islam, Mekka und Medina) einzuverleiben. Nach kurzen und ergebnislosen Verhandlungen liess er Mekka und Medina stürmen. Seine Truppen zerstörten Mausoleen, Moscheen und andere heilige Stätten. Auch das Grab des Propheten Mohammed wurde geplündert und seiner Grabbeilagen beraubt.

Als es keine Gebäude mehr zu zerstören gab, machten sich die Berserker über die Bibliotheken Mekkas her und verbrannten wichtige islamische Schriften. Und als es auch dort nichts mehr zu brandschatzen und zu zerstören gab, wurden die Bewohner Mekkas – eher liberale Gläubige – brutal unterjocht. Wehe dem, der sich widersetzte: wenn er nicht enthauptet wurde, so erwartete ihn der Tod auf andere bestialische Weise.

Doch diesmal hatten die Wahhabiten eine unverzeihliche Sünde begangen: nicht, weil sie mordeten und raubten, sondern weil sie die Heiligen Stätten zerstört und den Schrein beschädigt hatten. Der Sultan von Konstantinopel musste handeln, wollte er nicht zulassen, dass auch die Heiligen Stätten des

Osmanischen Reiches in den Händen der Wahhabiten zerrieben wurden. Als erster wurde der Wahhabiten-Anführer bestraft: Abdul Aziz starb am 4. November 1803 durch die Hand eines persischen, den Assassinen zugehörenden Mörders.

Damit waren die blutigen Vernichtungsfeldzüge der Wahhabiten aber nicht beendet. Abdul Aziz' Sohn, Saud I. ibn Abd al-Aziz ibn Muhammad Al Saud wurde sein Nachfolger. Er war ebenso grausam wie sein Vater, aber weniger erfolgreich. Bis in den Herbst 1818 tobten die kriegerischen Schlachten zwischen Wahhabiten und Osmanen. Der Tod fuhr eine reiche Ernte ein. Bis zum 11. September 1818: Da waren die Wahhabiten wieder an jenem Ort, von dem sie einst aufgebrochen waren, allerdings eingekesselt: in ad-Dir'iyya.

Mehrere Monate hatten ägyptische Truppen unter der Führung von Muhammad Ali Pascha die Wahhabiten belagert. Nachdem sich der Sohn Abdul Aziz ergeben hatte, zerstörten die Ägypter in einem regelrechten Blutrausch, wer oder was ihnen in die Hände geriet. Die Stadt wurde schliesslich dem Erdboden gleichgemacht. Das erste Reich der Al Saud war gefallen und sollte nach Überzeugung der siegreichen Ägypter nie wieder auferstehen.

Doch die Geschichte wiederholte sich. Schon bald eroberten geflüchtete Mitglieder der Familie Al Saud und ihre ebenfalls davongekommenen Untertanen kleinere Scheichtümer und Golfemirate und zwangen diese in den Wahhabismus. Immer wieder zogen die Wahhabiten unter der Familie Al Saud in neue

Schlachten, eroberten Gebiete, verloren sie wieder, wurden vernichtend geschlagen und standen doch immer wieder auf. So geht das bis auf den heutigen Tag, auch wenn sich die Methoden des Machtmissbrauchs veränderten.

So gesehen, waren die Brüder im Geiste – Muhammed Bin Abdul-Wahhab (Geburtshelfer des Wahhabismus) und Muhammad Ibn Saud (Geburtshelfer des Staates Saudi-Arabien) – einander wahre Erfüllungsgehilfen, als der eine immer auch um die Sache des anderen besorgt war. Sie bauten ihr Terrorregime sozusagen Hand in Hand auf.

Saddam Hussein scherte sich nicht um religiöse Lehren und Bekenntnisse. Auch war er nicht an politischen Zweckbündnissen mit religiösen Fanatikern interessiert, um seine Macht zu sichern oder auszubauen. Er unterstützte und förderte die u.a. von seinen saudi-arabischen Feinden finanzierten wahhabitischen Terrorgruppen einzig, um selbst schrecklichsten Terror in die Welt zu tragen. Sein ureigenes Ziel war die destruktive Macht über alles und jedes.

Im Juli 2002 schrieb ich einen Bericht über Saddam Hussein und sein Regime. Diesen Artikel schickte ich an die Regierungen Europas, der USA sowie an Parlaments- und Parteivorsitzende und weitere Funktionäre.

Einige Kernsätze meines Berichts lauteten: «Um sich an seinen Feinden zu rächen, intensivierte er (Anm.: Saddam Hussein) seine Unterstützung für die radikalen islamischen Gruppen und Organisationen während der letzten elf Regierungsjahre nach dem

Zweiten Golfkrieg (Anm.: also vom März 1991 bis 2002).» ... «Sein Regime organisierte in Bagdad Konferenzen, an denen fundamentalistische und kriminelle Personen teilnahmen, deren einziges Ziel es war, Hass gegen Europa und die Vereinigten Staaten zu säen und die Terroristen zu Angriffen auf diese Länder und ihre vitalen Interessen zu ermuntern. Zahlreiche Berichte und Zeugen bestätigten, dass Saddam Husseins Regierung Terroristen im Irak (in Selman Pack, oder Meda'in) ausbildete ... Ebenso bestätigt wurde, dass Osama Bin Laden im März 1998 den Irak besuchte; vom 28. Juni 1998 bis zum 2. Juli 1998 war Aymen Al-Dhawahiri im Irak (Anm.: Al-Dhawahiri ist zum Zeitpunkt dieser Niederschrift Führer der al-Qaida). Diese geheim gehaltenen Besuche fanden kurz vor den beiden Terroranschlägen auf die amerikanischen Botschaften in Afrika statt.» (Am 7. August 1998 wurden zwei Bombenanschläge auf die US-Botschaften in Nairobi, Kenia, und Dar es Salam, Tansania, verübt. 224 Menschen starben, mehr als 5000 wurden verletzt.). Soweit die Auszüge aus meinem Bericht.

Auf die beiden Attentate folgten Hunderte von Anschlägen. Sie wurden und werden verübt von Organisationen wie: al-Qaida, IS, Taliban, Al-Nusra, Lashkar-eTaiba, Al Shabab, Boko Haram, Abu Sajaf, Ansar el Islam, Ansar Dine, Jemaah Islamiyah, Ansar al-Scharia und von weiteren fundamentalistisch salafistisch-wahhabitischen Gruppen. Hunderttausende Menschen verloren bislang ihr Leben. Und jeden Tag sterben weitere. Der Wahhabitmus hatte begrenzte

Folgen, so lange es keine Globalisierung gab. Doch seitdem Informations-, Güter- und Geldflüsse grenzenlos organisierbar sind, hat der Teufel nicht nur im Bereich des nationalen Terrorismus (die Abkömmlinge der Saddams, der Bin Salmans oder der al-Assads) ein leichtes Spiel, sondern seither sorgt er weltweit für Angst und Entsetzen

Finanziell und anderweitig (Technik, Logistik, Schutz etc.) gefördert wird dieser Massenmord von Saudi-Arabien, Katar, den Vereinigten Arabischen Emiraten, Kuwait, aber auch von der Türkei sowie zusätzlich von vielen religiösen Organisationen und von vermögenden Einzelpersonen aus den Golfstaaten.

Dabei sind die Terrorbanden gar nicht auf «Sponsoren» angewiesen, wie die neuere Entwicklung nicht nur im Irak zeigt. Der IS, die al-Qaida und deren Schwesternorganisationen finanzieren sich mitunter durch Erpressung, Schutzgelder, Raub, Drogen-, Organ- und Menschenhandel oder den Verkauf von Erdöl in einst gehaltenen Gebieten des Irak.

Wer sich tiefergehend mit den Biografien herausragender Figuren dieser Gangsterbanden beschäftigt, wird bald feststellen, dass sich viele dieser Leitfiguren schon in frühester Kindheit mit Gewalt und Tod konfrontiert sahen. Und wo Mord und Totschlag im Rahmen der eigenen Sozialisation als taugliche «Problemlösung» erfahren werden, wo die Ermordung eines «Ungläubigen» gerechtfertigt, ja zur Doktrin erklärt wird, da braucht es nicht mehr viel vom Menschen zur Bestie: nur noch den mutmasslich auf persönlichen wie kollektiven Minderwertigkeitskomplexen basierenden Wunsch, über andere Menschen absolute Herrschaft ausüben zu können.

Und so ist auszuschliessen, dass der islamistische Terror eines Tages wie ein heftiges Gewitter vorübergehen wird, zur Gänze erstickt oder durch politische und militärische Massnahmen eliminiert wird.

Der islamistische Terror wird die Welt vielmehr noch Jahrzehnte beschäftigen. Man kann ihn mit einem Krebs vergleichen, der permanent Metastasen streut. Doch mit jedem neuen Gift findet sich ein Gegengift – oder besser, eine Einsicht, eine Nation wirtschaftlich so zu unterstützen, dass sie Eigenabwehrkräfte entwickelt.

In den armen Staaten der Sahelzone verfügen die wenigsten Länder über ausreichende Kräfte und Mittel zur Bekämpfung und Verfolgung der Scharia-Krieger. Obendrein mangelt es ihnen an politischer und wirtschaftlicher Stabilität.

Und genau hier läge möglicherweise ein – bislang zu wenig beachteter – Ansatzpunkt zur Bekämpfung des wahhabitischen Terrors: Zwar können islamistische Terroristen überall auf der Welt Blutbäder anrichten; ihre tatsächlichen Machtmöglichkeiten bleiben jedoch begrenzt, wenn dies in politisch und wirtschaftlich weitgehend stabilen Staaten geschieht. Die westlichen Staaten stehen somit vor der Herausforderung, schwache Staaten des Nahen Ostens, Afrikas und anderer Regionen zu unterstützen, damit diese an Stabilität gewinnen. Andernfalls besteht die Gefahr, dass die Islamisten dort Gottesstaat um Gottesstaat errichten. Ein Beispiel für eine zaghafte

Veränderung zum Positiven könnte ausgerechnet Somalia abgeben: Seit dreizehn Jahren wütet dort die islamistische Terrororganisation Al Shabab. Noch immer kontrollieren ihre «Scharia-Milizen» zwanzig
Prozent des Landes und Städte wie Haradhere. 5000
Menschen fielen dem Terror bisher zum Opfer. Doch
seit 2012 dreht in Somalia der Wind. Unter der «Operation Vorschlaghammer» vertrieben Soldaten Somalias, Kenias und der Afrikanischen Union die Terrorbanden aus den Städten Mogadishu und Kismayo,
der wichtigen Hafenstadt des Landes. Ein Rückkehr-
programm veranlasste tausende, vor allem junge
Dschihadisten, Al Shabab die Treue aufzukündigen.
200 Dollar erhält jeder Aussteiger, weitere 30 Dollar
monatlich gibt es während eines halben Jahres. Danach müssen die ehemaligen Kämpfer alleine zu-
rechtkommen. Der Friede ist zwar fragil, aber immerhin gelingt es den Menschen in Mogadishu und Kismayo wieder, so etwas wie ein normales Leben aufzubauen.

Somalia ist somit ein Beispiel, wie ein Land im Terror untergehen – und wieder halbwegs aus ihm her-
ausfinden kann. Zu berücksichtigen ist dabei: Al
Shabab konnte in Somalia nur gross werden, weil im
Land desaströse politische Zustände herrschten. Somalia, bis 2009 von äthiopischen Truppen besetzt, befand sich im Bürgerkrieg. Korruption, Vetternwirt-
schaft, Armut und eine vor allem unter jungen Leuten
grassierende Massenarbeitslosigkeit begünstigten
das Wachstum der Terrorgruppe, die mit der zwangs-
weisen Einführung einer äusserst strengen Scharia

keineswegs in ein religiöses Vakuum stiess, da die Scharia – wenngleich in milderer Form – in Somalia bereits existierte.

Ob es den Truppen Somalias, Kenias und der Afrikanischen Union gelingen wird, auch den Rest der Al Shabab-Terroristen zu vertreiben und das Land im Rahmen eines langen währenden Prozesses zu befrieden, ist nicht vom Zufall abhängig. Wichtig wäre, politische und wirtschaftliche Beständigkeit zu schaffen. Und hierzu können – die Mitwirkung Kenias und der Afrikanischen Union beweist es – gerade Drittländer und ausländische Organisationen wertvolle Beiträge leisten. Es wird Zeit, dass dies geschieht. Hier müssten insbesondere die Regierungen westlicher Länder Lernbereitschaft zeigen. Leider verfügt der Westen als Ganzes und über keine Strategie, wie man dem Terror effektiv begegnen könnte.

Was momentan stattfindet, ist der Auf- und Ausbau gigantischer Überwachungs-, Kontroll- und Sicherheitsapparate zur Vereitelung und Verhinderung von Terroranschlägen. Dass diese auf allen denkbaren Ebenen stattfindende staatliche Überwachung und Kontrolle die freiheitlichen und demokratischen Grundsätze vieler westlicher Staaten unterminiert, ist Teil der traurigen Logik, die von den Extremisten und Islamisten durchaus beabsichtigt ist. Jeder Bürger ist also gefordert, seine demokratischen Freiheitsrechte zu verteidigen, um zu verhindern, dass sein Land zu einer Fassadendemokratie verkommt.

Entflechtung

Ich bin in diesem Buch über unsere bedrohte Welt von meinem Leben ausgegangen und bei einer Religion gelandet, die archaisch ist und mörderisch. Sie stellt mit ihrer rücksichtslosen Art und ihrer brutalen Umsetzung alles in den Schatten, was der Mensch jemals gegen Menschen getan hat und hört nicht auf, das zu tun. Meine den Irak betreffenden Vorstellungen zur Verbesserung der Situation in meinem Heimatland habe ich in konkreten Plänen den Verantwortlichen schon 2003 unterbreitet und ständig nachgeführt. Als der IS in einem Grossteil des Landes Hausherr wurde, wütete er ausser Rand und Band, so dass seine Spuren der Verwüstung noch jahrzehntelang zu sehen und zu spüren sein werden.

Im Irak kulminierte die Negativentwicklung mit der Zerschlagung des Saddam-Regimes und der Auflösung jeglichen Ordnungsrahmens durch die Koalition der Willigen. Willig zur Zerstörung, unwillig zu allem, was der Stabilisierung dient. Korruption in grösstem Ausmass innerhalb der seit 2003 eingesetzten Regierungen kommt hinzu, einer der Hauptgründe, weshalb ich eine Unterstützung verweigerte. Erst in diesen Tagen wieder kommt dieses Thema mit unzufriedenen Bürgern in Form von Demonstrationen auf die Strasse und bestätigt - leider – die Richtigkeit meiner damaligen Warnungen.

Europäische Leser dieses Erfahrungsberichtes aus dem Vorhof der Hölle und ihre Regierungen und Behörden sollten die Wahhabiten und Salafisten nicht nur im Auge behalten, sondern sie müssen sie in den Griff bekommen, ob sie sich nun al-Qaida, Islamischer Staat oder Boko Haram usw. nennen.

Egal, was die anderen zu lösenden Probleme der Weltgemeinschaft sind - und davon gibt es genügend – muss der Wahhabismus und Salafismus gezwungen werden, die Waffen niederzulegen und zu einer friedlichen Tätigkeit – sei es im Umweltschutz oder der Entwicklungshilfe – umgeschult werden.

Dazu müssen die Regierungen Europas und der Welt die Herrschaftsfamilien von Saudi-Arabien, Katar, den Vereinigten Arabischen Emiraten und Kuwait einschliesslich der Türkei auffordern, diese Gruppierungen zu entwaffnen und ihnen mit ihrer Unterstützung andere Ziele geben. Man wird bei den westlichen Staaten nicht umhinkommen, in Abstimmung mit Saudi-Arabien alle Wahhabiten-Organisationen, Salafisten-Organisationen und die vielen Nachahmer-Banden und Grüppchen in den westlichen Ländern konsequent zu öffnen und mit deren Anführern in ein Umschulungsprogramm zu überführen. Kooperieren sie nicht, sind sie zu überwachen, beziehungsweise des Landes und Europas zu verweisen. Die Zuwanderung vor allem potentiell radikaler Moslems ist zu unterbinden. Radikale Prediger, die zum Dschihad aufrufen, gehören ebenfalls in diesen Umschulungsprozess integriert. Kooperieren sie nicht, werden sie aus Europa verbannt ihre Moscheen durch andere Geistliche betreut oder sie werden geschlossen.

Nachwort für einen Freiheitshelden

Was für ein Schicksal! Für den bekannten, weitum respektierten Nestor Schweizer Nahost-Expertise Erich Gysling ist dieses Dokument Al-Saadis «ein bewegender, aufrüttelnder Bericht», den er mit Faszination las. Alt-Ständerat Hans Altherr zeigte sich «erschüttert» und findet die Lebensgeschichte «berührend und beeindruckend». Al-Saadis Schweizer Freund Max Kellenberger hofft, «dass möglichst viele Menschen das Buch lesen, weil dann die Welt schon ein wenig besser würde» und dankt ihm für seinen bewundernswerten Mut. Reo Metzger, dem Schwiegervater von Al-Saadis Tochter Rashaa im australischen Adelaide, öffnete «das Buch die Augen». Al-Saadi habe für die Menschenrechte und Demokratie mehr gelitten und geleistet, als die meisten von uns. Er habe die Idee und Fackel der Freiheit an Plätzen hochgehalten, wo sonst nur Terror herrsche. Was für eine Zivilcourage!

Was für ein Leben! Für mich ist es unvorstellbar, was Abu Reem alles gewagt und auf sich genommen hat und selbst in der Verwandtschaft und unter besten Freunden für sich behielt, zu denen ich mich seit unserer gemeinsamen Heerbrugger Zeit zählen darf. Einer der besten Unternehmer und Ingenieure, die ich kennenlernen durfte, ist also auch ein Wilhelm Tell, ein irakischer Winkelried und ein Stauffenberg in ein und derselben Person. Er ist der bedeutendste und tapferste Zeitgenosse, den ich kenne. Seine Worte im letzten Kapitel sollten allen zu denken geben.

Fritz Staudacher (www.alprhein.ch), im Oktober 2019.